하나님을 사랑합니다
내 온 맘 다해

나 자신을 사랑합니다
주님이 나를 사랑하시듯

이웃을 사랑합니다
내 몸과 같이

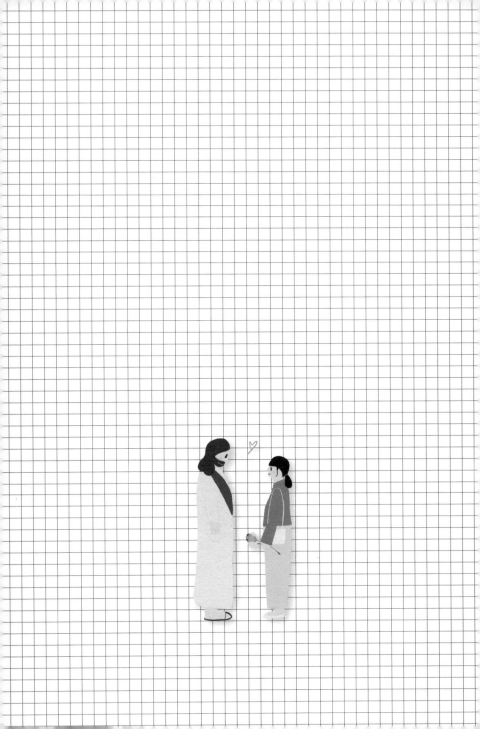

하나님의 선물

하나님의 선물인 소중한 _____에게
사랑의 마음을 담아 드립니다.

하나님의 선물

글·그림

햇살콩 김나단×김연선

규장

우리가 사랑함은
그가 먼저 우리를 사랑하셨음이라
요한일서 4:19

당신은
하나님의 선물입니다.

선물이 가진 특징처럼 당신은
소중하고 특별한 존재입니다.

또한 우리는
이미 많은 선물을 받았습니다.

당신의 '관계'를 살펴보십시오.

하나님을 아버지라 부를 수 있음이
선물입니다.

이 땅에 태어나 '나'라는 사람으로
하루하루를 사는 게 선물입니다.

그리고 가족, 친구, 이웃 등
하나님이 만나게 하신 사람들과의
'관계'도 선물입니다.

우리가 원하든 원치 않든
분명 하나님께서 우리에게
이 선물을 주셨습니다.

선물을 받은 사람은
마땅히 그것을 소중히 여겨야 합니다.

그러나 현실은 어떤가요?

당신이 받은 선물을
소중히 여기지 않고 있지는 않나요?

수년 동안 SNS에
복음을 전하는 사역을 하면서
상담을 요청하는 사람들이 많았습니다.

그들은 삶과 신앙의 여정에 있어서
'관계'의 문제를 겪고 있었습니다.

관계의 깨어짐과 그 상처로
많은 이들이 고민하며 아파했습니다.

관계의 아픔을 갖고 있지만
겉으로는 괜찮은 척 살아가는 우리들.

하나님은 이 시대 가운데
관계의 회복을 원하십니다.
그 과정에 함께해주실 것입니다.

그리고 우리가 회복을 넘어
풍성한 사랑의 관계로
이 땅 가운데 작은 천국을
이뤄가길 원하십니다.

하나님과의 관계가 깨어지고,
주변 사람들과의 관계로 인해
하루하루 사는 게 버거워
더 이상 괜찮은 척하며 살 수 없다면,

비교의식과 열등감이 반복되고,
세상에 나 혼자뿐이라고 느껴지며,
관계 속에 미움과 다툼이 계속 일어나고,
다른 사람을 사랑할 힘이 없다면,

이 책을 펼쳐보십시오.

그런즉 너희는
먼저 그의 나라와 그의 의를 구하라
그리하면 이 모든것을
너희에게 더하시리라

마태복음 6:33

하나님과의 교제를 미루는
당신에게 :

내 사랑아,

오늘
나와 얼마나 소통하는 하루를 보냈니?

사랑하면,
그 사람의 모두를 알고 싶어지고
또 함께하는 시간을 갖고 싶듯이

너를 사랑하기에
나는 네 모든 일상이 궁금하단다.

그래서
네가 내게 묻고 의지하기를 바라.

나의 힘이신 여호와여
내가 주를 사랑하나이다

시편 18:1

하나님의 선물

초판 1쇄 발행	2019년 12월 27일
초판 16쇄 발행	2024년 9월 26일

지은이 햇살콩(김나단, 김연선)

펴낸이 여진구
책임편집 김아진
편집 이영주 박소영 최현수 안수경 김도연 정아혜
책임디자인 마영애 노지현 조은혜 이하은
홍보 · 외서 진효지
마케팅 김상순 강성민 **마케팅지원** 최영배 정나영
제작 조영석 허병용 **경영지원** 김혜경 김경희

303비전성경암송학교 유니게과정
이슬비전도학교 / 303비전성경암송학교 / 303비전꿈나무장학회

펴낸곳 규장

주소 06770 서울시 서초구 매헌로 16길 20(양재2동) 규장선교센터
전화 02)578-0003   팩스 02)578-7332
이메일 kyujang0691@gmail.com   홈페이지 www.kyujang.com
페이스북 facebook.com/kyujangbook   인스타그램 instagram.com/kyujang_com
카카오스토리 story.kakao.com/kyujangbook
등록일 1978.8.14. 제1-22

ⓒ 저자와의 협약 아래 인지는 생략되었습니다.
이 출판물은 저작권법에 의해 보호를 받는 저작물이므로 무단 전재와 무단 복제를 할 수 없습니다.

책값 뒤표지에 있습니다.
ISBN 979-11-6504-039-0 03230

규 | 장 | 수 | 칙

1. 기도로 기획하고 기도로 제작한다.
2. 오직 그리스도의 성품을 사모하는 독자가 원하고 필요로 하는 책만을 출판한다.
3. 한 활자 한 문장에 온 정성을 쏟는다.
4. 성실과 정확을 생명으로 삼고 일한다.
5. 긍정적이며 적극적인 신앙과 신행일치에의 안내자의 사명을 다한다.
6. 충고와 조언을 항상 감사로 경청한다.
7. 지상목표는 문서선교에 있다.

하나님을 사랑하는 자 곧 그의 뜻대로 부르심을 입은 자들에게는 모든 것이 合力하여 善을 이루느니라(롬 8:28)

Member of the
Evangelical Christian
Publishers Association

규장은 문서를 통해 복음전파와 신앙교육에 주력하는 국제적 출판사들의
협의체인 복음주의출판협회(E,C,P,A:Evangelical Christian Publishers
Association)의 출판정신에 동참하는 회원(Associate Member)입니다.

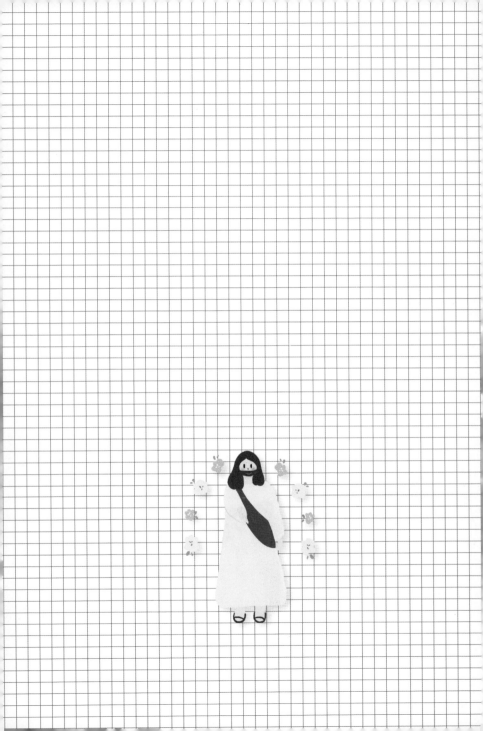

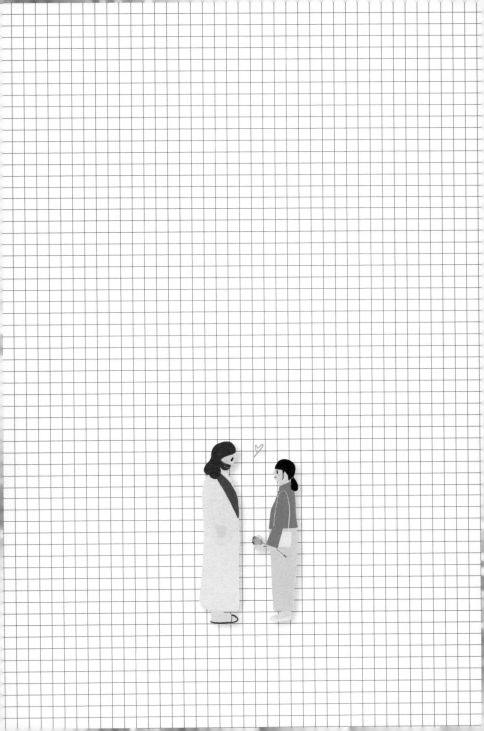

PART 1

관계를 소중히 여기지 않는
당신에게

관계를 소중히 여기지 않는
당신에게 :

당신이 관계를 소중히 여기지 않게 되기까지
분명히 여러 가지 이유가 있었을 것입니다.

내면의 상처와 눈물,
비난의 흔적과 아픔이 있었겠지요.

그 시간이 외롭고 힘들다는 걸 알기에

당신의 이야기를 듣고 싶고,
당신을 위로하고 싶습니다.

저는 꽤 오랫동안
하나님이 '선물'로 주신
많은 관계를 소중히 여기지 못했습니다.

학교에서도 교회에서도 겉으로는 원만한 관계를
아니, 나름 훌륭한 관계를 맺었지요.

그러나 내면 깊이 자리했던
한 문장이 있었습니다.

'이 공동체가 없어지면 어차피 안 볼 사이.'

공감하지 못하는 분들도 있겠지만
저는 이런 생각을 계속했습니다.

중학교 때는 '고등학교에 올라가면 어차피 안 볼 아이.'
고등학교 때는 '대학에 가면 어차피 안 볼 아이.'
군 복무할 때는 '나를 괴롭히는 저 선임, 어차피 전역하면
안 볼 사람.'

심지어 사역할 때도,
'어차피 안 볼 사이니까 관계로 힘들어하지 말고,
지금 해야 할 일이나 열심히 하자'라고 생각했지요.

겉으로 티를 내지는 않았지만
상처 주거나 힘들게 하는 관계를
그렇게 오랜 시간 회피했습니다.

회복하려 하지 않고,
마주하려 하지 않았습니다.
주님께 기도하지 않았습니다.

돌아보니,
일상을 나누는 친구는 많았지만
내면의 깊은 관계를 맺은 벗은 없었지요.

시간이 흘러 결혼을 했습니다.

아내는 관계를 정말 중요하게
생각하는 사람이었어요.

인간관계 때문에 잠 못 이루고,
누군가의 아픔을 자기의 아픔처럼
느끼는 사람이었습니다.

언젠가 동료와 갈등을 겪고
집에 돌아와 울면서
제게 이런저런 이야기를 했습니다.

저는 아내의 어깨를 토닥이며
위로의 말을 건네면서도
솔직히 이해가 되지 않았습니다.

내면 깊은 곳에서는
습관적으로 이렇게 반응했지요.

'왜 눈물까지 흘리며 힘들어할까?

관계에 왜 이렇게 마음을 쏟을까?
어차피 안 볼 사이인데⋯.'

그래서 아내에게 넌지시 말했습니다.

"그 사람과 연락하지 말고, 만나지도 마."

제 부끄러운 예전 모습입니다.

당신에게 이 고백을 하는 이유는,
저와 같이 하나님이 주신 선물인 관계를
소중히 여기지 못하는 분들이
많을 거라는 생각 때문입니다.

감사하게도,
하나님은 저를 그대로 두지 않으셨습니다.
어느 날, 찾아오셔서 말씀을 부어주셨지요.

너희가 나를 택한 것이 아니요
내가 너희를 택하여 세웠나니

요한복음 15:16

우리가 사랑함은
그가 먼저 우리를 사랑하셨음이라

요한일서 4:19

이 말씀들을 통해
주님은 이렇게 말씀하셨습니다.

'나단아,
네 내면의 그 마음을 내가 기뻐하지 않는단다.
주변 관계를 직시하렴.

나를 사랑하고 네 자신은 사랑하면서
왜 이웃은 사랑하지 않니?
이는 네가 나를 사랑하지 않는 것과 같아.

너는 내가 택한 내 자녀이고
소중한 선물 같은 존재란다.
그리고 네 관계 또한 내가 준 선물이란다.'

주님은 저를
책망하듯 말씀하지 않으셨습니다.

저를 너무나 사랑하시기에
하나님을 사랑하듯 나 자신을 사랑하고
나를 사랑하듯 이웃을 사랑하길 원하시는
그분의 마음을 말씀하셨어요.

그리고 제 내면에
이런 생각이 왜 자리 잡게 되었는지

저도 몰랐던 일들을
기억나게 하시고 보여주셨습니다.

잦은 이사로 정든 친구를 떠나야 해서
책상 밑에 혼자 들어가 울었던 시간들.

초등학교 6학년 때 오른쪽 팔에 종양이 발견되어
'아, 내가 내일 죽을 수도 있겠구나'라고
생각했던 시간들.

하나님은 제 내면의 깊은 상처를 만져주시고
그 위에 다함없는 사랑을 부어주시며
하나하나 싸매어주셨습니다.
문제를 단번에 해결해주셨지요.

아무에게도 하지 못했던 이 이야기를
아내에게 처음으로 털어놓았습니다.

주님이 저를 안아주셨듯
아내도 따뜻하게 안아주었지요.

관계를 소중히 여기지 못했던
오랜 시간이 참 아깝습니다.
그래서 남은 시간 동안
오늘이 마지막인 것처럼

온 맘 다해 사랑하며 살기로 다짐했지요.

누군가 이야기했습니다.
성경을 쥐어짜면 나오는 한 단어가
'사랑'일 거라고.

하나님께서는 우리에게
두 가지 계명을 주셨습니다.

첫 번째는 하나님을 사랑하는 것이고,
두 번째는 이웃을 사랑하는 것입니다.

그렇습니다.
당신은 하나님의 선물입니다.
하나밖에 없는 그분의 소중한 자녀이지요.

그리고 하나님은
당신에게 주어진 관계 또한
'선물'이라고 하십니다.

지금껏 저와 같은 모습으로
관계를 소중히 여기지 못했다면,

하나님께서 말씀으로
당신을 만나주시고,

당신의 상처를 싸매주시고,
오해를 풀어주셔서,

당신의 관계가
소중한 하나님의 선물임을
알게 되길 바랍니다.

이 땅에서 살아가는 동안
사랑하기로 결단하길 바랍니다.

온 맘 다해 하나님을 사랑하고,
하나님이 나를 사랑하시듯
나 자신을 사랑하고,
내 몸과 같이 이웃을 사랑하는
당신이 되기를 기도합니다.
온 맘 다해 축복합니다.

예수께서 이르시되
네 마음을 다하고 목숨을 다하고 뜻을 다하여
주 너의 하나님을 사랑하라 하셨으니
이것이 크고 첫째 되는 계명이요
둘째도 그와 같으니
네 이웃을 네 자신같이 사랑하라 하셨으니
이 두 계명이 온 율법과 선지자의 강령이니라

마태복음 22:37-40

PART 2

가장 귀한 선물,
하나님

교회는 다니지만
하나님과 인격적인 관계가 없는
당신에게 :

내 사랑아,

많은 사람이 교회에 다니고,
설교를 듣고, 기도도 하지.

그런데 내 시선은
그런 군중보다는
'한 사람'에게 있음을 기억하렴.

내 사랑의 눈은
한 사람 한 사람에게
초점이 맞춰져 있단다.

그런데 안타깝게도
시간이 지날수록
교회 안의 내 자녀들 중에
'척척' 박사가 되어가는 이들이 있단다.

신실한 척,
기도 많이 하는 척,
성경 많이 아는 척.

심지어 날 위해 내 이름으로
여러 가지 일을 감당하면서도
나와 인격적인 관계를 맺는 것에는
별 관심이 없는 이들도 있지.

내 마음이 정말 아프다….

나는 사랑하는 너와
인격적인 관계를 갖길 원한단다.

나는 네 속에 어떤 공허함과
갈급함이 있는지 알고 있단다.

네가 아직 나를 만나지 못하고
교회 안에서 방황하고 있어도,
혹 믿음을 잃어버렸더라도,

괜찮다.

이 사실을
누구에게도 말하지 못해 불안해하고

두려워하고 있다면
내게로 오렴.

우리가 아직 죄인 되었을 때에
그리스도께서 우리를 위하여 죽으심으로
하나님께서 우리에 대한
자기의 사랑을 확증하셨느니라

로마서 5:8

내 사랑아,

네게도 이 말씀이 믿어지는
그날이 반드시 올 거야.

믿어지는 은혜 또한 내가 줄 거란다.
그래서 선물과도 같은 것이지.

'아, 주님이 피 흘리신 십자가가 나를 향한 것이었구나!'

'나를 사랑하셔서 생명까지 내어주셨구나!'

'내가 혼자 괴로워 울고 있을 때,
나는 혼자가 아니었구나.
하나님이 함께하셨구나'라는
믿음의 고백이 흘러나오도록

내가 널 얼마나 사랑하는지 말해줄게.
그리고 네가 태어난 목적과 이유까지도 보여줄게.

그러니
교회에 다니는 것만으로 만족하지 말고
나와 인격적인 관계를
온전히 맺는 일에 네 마음을 두렴.

나와의 만남을 간구하렴.
나와의 만남을 사모하렴.

나는 오늘도
교회에는 다니지만
나와 인격적인 관계가 없는
너를 기다린단다.

다함 없는 사랑의 마음으로….

내 사랑아,

교회에 다니는 것만으로 만족하지 말고
나와 인격적인 관계를
온전히 맺는 일에 네 마음을 두렴.

사랑하는 주님,

그동안 숨겨왔던
제 갈급함과 공허함을
주님 앞에 모두 내려놓고,
주님의 음성을 기다립니다.

더는 누군가의 하나님이 아니라
'나'의 하나님으로 고백하길 소망합니다.

주님, 제 삶에 찾아와주세요.
주님과 인격적인 관계를 맺고 싶습니다.

주님과 만나기를 사모합니다.
주님의 선물을 기다립니다.

이 시간,
저를 위해 십자가를 지신

주님의 그 깊은 사랑이
제게 잠잠히 부어지길 소망합니다.

주님의 사랑을 알아보지 못하는
어두운 눈이 되지 않도록
주님이 제 눈을 밝혀주세요.

예수님의 이름으로 기도합니다.

여호와의 눈은 온 땅을 두루 감찰하사
전심으로 자기에게 향하는 자들을 위하여
능력을 베푸시나니

역대하 16:9

여호와께서 너의 출입을
지금부터 영원까지
지키시리로다

시편 121:8

**하나님 없이도
잘 살 수 있다고 생각하는
당신에게 :**

"하나님 없이도 나는 잘 살 수 있다!"

내 사랑아,

정말 그렇게 생각하니?

실제로 이같이 생각하고
삶을 영위했던 애굽에 대해 말해주고 싶구나.

애굽은 스스로
'열방의 사자'라고 생각했단다.

그러나 나는 애굽을 향해
바다 가운데 '큰 악어'(괴물)라고 했지.

사람아, 이집트 왕 파라오에 대해 애가를 불러라.
그에게 다음과 같이 말하여라.

'너는 네가 나라 가운데 젊은 사자와 같다고 생각하지만
너는 바다의 괴물일 뿐이다.
네가 강물에서 철썩거리고 다니며
물을 튀기고 휘저어 흙탕물을 만들었다'

에스겔 32:2 쉬운성경

내 생각과 교만한 애굽의 생각은
이처럼 달랐단다.

그리고 이례적으로 에스겔서의 몇 장에 걸쳐
애굽 심판에 대한 이야기가 나오지.

성경은 또 이렇게 말한단다.

교만은 패망의 선봉이요 거만한 마음은
넘어짐의 앞잡이니라

잠언 16:18

나는 교만과 거만… 미워하느니라

잠언 8:13

네가 깨닫길 원하는 한 가지는,
내가 '교만'을 가장 싫어한다는 거야.

나는 창조주이자 역사의 주관자란다.

역사 속에서
창조주인 나와 동행하는 건
놀라운 행복이며 축복이란다.

그런데 내 피조물인 네가
창조주 없이 잘 살 수 있다고 생각하는 건
나와 관계 맺기를 원치 않는다는 말과
다르지 않단다.

마치 사랑하는 자녀가
부모에게 이렇게 말하는 것과 같지.

"이제 더는 엄마 아빠가 필요 없어요.
저 혼자서도 잘 살 수 있어요."

이는 너를 사랑으로
하나하나 빚어 창조한
내 마음을 찢어지게 하는 말이란다.

모세는 어떤 큰 성공이라도
나와 교제하는 것을 대신할 수 없다고 말했다.

네가 세상 가운데서 성공할지라도
나와의 교제가 없다면
아무 의미가 없단다.

그러나
네가 사망의 음침한 골짜기로 다닐지라도
나와 동행한다면 큰 의미가 있단다.

내가 모든 순간 널 보호하며,
내 사랑을 네게 끊임없이 부어주고 있음을
기억해라.

너를 자녀 삼은 나를 인정하렴.
나와 동행하는 축복을 누리렴.

내 사랑아,

나는 네가
"하나님 없이는 단 하루도 살 수가 없습니다"라고
고백하는 내 사랑받는 자녀가 되길 바란다.

내 사랑아,

네가 세상 가운데서 성공할지라도
나와의 교제가 없다면
아무 의미가 없단다.

사랑하는 주님,

주님 없이 혼자서도
잘 살 수 있다고 생각했던 제게,
교만의 거울을 마주하게 하시고
깨닫게 하시니 감사합니다.

스스로의 힘을 믿고
주님을 인정하지 않는
교만한 제 모습을 회개합니다.

더는
사랑으로 저를 지으신
주님의 마음을
아프게 하지 않길 원합니다.

주님께 온 맘 다해 고백합니다.

주님, 저는 혼자서 살아갈 수 없습니다.

주님이 아니면 단 하루, 한순간도
제게는 의미가 없습니다.
제 삶에 주님이 필요합니다.

이 입술의 고백이
삶의 결단이 되어 살아낼 수 있도록
저와 함께해주세요.

예수님의 이름으로 기도합니다.

너희가 여호와와 함께하면
여호와께서 너희와 함께하실지라
너희가 만일 그를 찾으면
그가 너희와 만나게 되시려니와

역대하 15:2

아무 일에든지
다툼이나 허영으로 하지 말고
오직 겸손한 마음으로
각각 자기보다 남을 낫게여기고

빌립보서 2:3

하나님을 오해하고 있는
당신에게:

내 사랑아,

네가 다른 사람을 오해하거나
다른 사람이 너를 오해해서

그 실타래를 풀지 못하고
관계의 깨어짐을 경험한 적이 있니?

오해는 또 다른 오해를 낳는단다.

오해는 시간이 지나면 불신이 되고,
불신은 관계를 위태롭게 만들지.

그런데 때로는
내 사랑하는 자녀들이
믿음의 길을 가면서
나를 오해하는 모습을 본단다.

45

그것이 작든 크든 풀지 못하면
그로 인해 나와의 관계가 깨어질 수 있단다.

심한 경우에는
그 오해로 인해 나를 떠나기도 하지.
내 마음을 심히 아프게 하는 일이란다.

내 사랑아,

나를 오해하는 이유는,
내 성품을 잘 모르기 때문이란다.

내 성품은 성경에 잘 드러나 있어.

너는 때때로
'하나님이 정말 선하신 분이 맞나?
내 고통에는 무관심하신 것 같아'라고 생각하지.

내 선함이 의심된다면
성경을 통해 들려주는
내 음성에 귀 기울이렴.

여호와의 눈은 온 땅을 두루 감찰하사
전심으로 자기에게 향하는 자들을 위하여
능력을 베푸시나니
역대하 16:9

'죄가 많고 초라한 지금 내 모습은
하나님도 사랑하지 않으실 거야.'

네가 내 사랑을 이렇게 오해할 때
이 말씀을 되새겨보렴.

하나님은 사랑이시라
사랑 안에 거하는 자는 하나님 안에 거하고
하나님도 그의 안에 거하시느니라
요한일서 4:16

네가 잘할 때는 밀물과 같이 사랑을 부어주고,
네가 못할 때는 썰물과 같이 사랑을 거두는
하나님이 아님을,
널 향한 내 사랑은 변함이 없음을 이야기할 거란다.

이렇듯
내 본심을 알지 못한 채로
내 뜻과 계획을 오해하며 살아간다면
말씀을 통해 내 성품을 들여다보렴.

세상에는 나에 대한 왜곡된 이야기와
시선들이 가득하구나.

세상이 말하는 기준과 시선에 귀 기울이지 마라.

내 사랑과 선함은
항상 변함이 없단다.

오해를 풀고
나와 지금보다 더 깊은 관계를 맺기 위해서는
대화가 필요하단다.

네가 오해하고 있는 이야기를 가지고
내게 나아오렴.

우리 함께
대화하자꾸나.

내 사랑아,

내 본심을 알지 못한 채로
내 뜻과 계획을 오해하며 살아간다면
말씀을 통해 내 성품을 들여다보렴.

사랑하는 주님,

제가 지금껏
주님을 오해하고 살았습니다.

주님의 성품을 온전히 알지 못해서
혼자 오해하고 주님을 멀리했습니다.

주님, 제 이런 연약한 모습을
긍휼히 여겨주시고 은혜를 베풀어주세요.

이제는
혼자 판단하고 주님을 오해하기보다는
주님 앞에 나와 이야기하겠습니다.

주님이 들려주시는 음성에 귀 기울이며
주님을 더 알아가길 소망합니다.

말씀을 통해,
제게 주님의 성품을 가르쳐주세요!

예수님의 이름으로 기도합니다.

이는 우리 마음이 혹 우리를 책망할 일이 있어도
하나님은 우리 마음보다 크시고
모든 것을 아시기 때문이라
요한일서 3:20

나는 선한 목자라
선한 목자는 양들을 위하여
목숨을 버리거니와

요한복음10:11

걱정이 많은
당신에게 :

내 사랑아,

내가 진정 네게 바라는 게 하나 있단다.
나는 네가 염려하지 않기를 바라.

걱정은 염려가 되고
염려는 자연스레 불안을 몰고 온단다.

작은 것을 걱정하는 사람은
삶의 대부분을 근심과 불안으로 채워간다.

걱정에 귀가 둔해진 사람은
내 음성을 듣지 못하게 돼.

내 사랑아,

염려는 네 영혼을 상하게 한다.

아직 일어나지 않은 일들을
앞서 걱정하게 하지.

이는
네게 도움의 손길을 행할 수 있는
내 존재를 잊게 만든다.

내 사랑아,

모든 상황 속에서
날 전적으로 신뢰하며 사는 사람과
모든 순간을 염려로 채우며 사는 사람은
삶의 방향과 믿음의 깊이가 다를 수밖에 없단다.

걱정하기를 멈추렴.

네 머리를 무겁게 하고
네 눈을 피곤케 하는 문제들을
내 품 안에 내려놓아라.

네 삶을 채우던 문제들을 밀어내고
그 자리에 내 사랑을 채우렴.

네 눈에 커 보이는 어떠한 문제도
내게는 문제가 아니란다.

모든 걱정을 거뜬히 책임질 수 있는
내게로 달려 나오렴.

나를 온전히 신뢰하면
문제에 억눌리지 않을 수 있게 돼.

염려가 아닌 나를 신뢰하기로 선택한
네 모든 순간은 아무 부족함이 없을 거란다.

나는 오늘도
염려 많은 너를
내 품 가득 안아주기 위해
두 팔 벌려 기다리고 있단다!

내 사랑아,

네 눈에 커 보이는 어떠한 문제도
내게는 문제가 아니란다.
모든 걱정을 거뜬히 책임질 수 있는
내게로 달려 나오렴.

사랑하는 주님,

제가 염려하는 일이
주님의 능력을 의심하는 일이었음을
깨닫습니다.

눈앞에 놓인 문제가 전부인 듯
살아왔습니다.

"염려하지 마라."
"걱정하지 마라."

수없이 말씀해주신
주님의 따스한 음성을
잊을 때가 많았습니다.

제게는 이 문제를 해결할
능력도 방법도 없습니다.

주님의 일하심을 잠잠히 기다리며
모든 문제를 주께 맡깁니다.

문제에 지쳐 삶의 의욕을 잃기보다
주님께 나아가 무릎 꿇겠습니다.

염려하며 걱정하기보다는
주님을 끝까지 신뢰하겠습니다.

즐거우나 괴로우나
주님께 늘 나아가겠습니다.

주님, 함께해주세요.

예수님의 이름으로 기도합니다.

여호와여 내가 깊은 곳에서 주께 부르짖었나이다

주여 내 소리를 들으시며

나의 부르짖는 소리에 귀를 기울이소서

시편 130:1,2

여호와께서 그를 황무지에서
짐승이 부르짖는 광야에서 만나시고
호위하시며 보호하시며
자기의 눈동자같이 지키셨도다

신명기 32:10

하나님께 달라고만 하는
당신에게 :

내 소중한 사랑아,

나는 네 기도를 다 듣고 있단다.
네가 어떤 마음을 가지고
두 손을 모으는지 잘 알고 있어.

네가 누군가에게 사랑한다고 고백하면서
무언가를 얻으려는 내면의 목적이 있다면
그 관계는 올바른 것이 아니란다.

마찬가지로
"하나님, 사랑합니다"라고 고백하면서
열심히 봉사하고, 섬기고, 기도하지만,

그 모든 행위의 목적이 무언가를 얻기 위해서라면
너는 나를 진정 사랑하는 게 아니라
이를 통해 얻을 무언가를 사랑하는 거란다.

내 사랑아,

나는 너를 조건 없이 사랑한단다.
그러니 너도 그 어떤 조건이 아닌
나 자체를 사랑하렴.

물론 나는 너를 사랑하기에
나의 때에, 나의 방법으로
네 필요들을 채워줄 거란다.

절망적인 순간에 급하게 요청하는
네 간절한 기도 또한 듣고 있단다.

하지만 내가 네게 주는 것에만 집중하다 보면
주는 이에 대한 감사를 잊어버리기 쉽단다.

계속 달라고만 하는 것은,
결국 습관으로 자리 잡게 돼.

내 사랑아,

나는 네가 필요할 때만 찾는
요술램프가 아님을 기억하렴.

오늘 네가 기도하는 목적이 무엇이니?

매일 나는 너와 친밀한 관계를 맺고 싶단다.
그것 하나뿐이야.

그러니 필요에 따라서만 나를 찾지 말고,
삶의 모든 순간에 나를 찾으렴.

내가 네게 바라는 게 있다면
내 사랑인 네가 자신을 더 사랑하고,
네 소중한 사람들을 더 사랑하는 것,

그리고 너를 조건 없이 최고의 사랑으로 사랑하는
네 하늘 아빠를 더 사랑하는 거란다.

네 필요가 채워지더라도 감사,
채워지지 않더라도 감사하며
나를 신뢰함으로 따르렴.

모든 순간에 나를 찾고
온 맘 다해 기도하렴.

"날마다 주님을 더 사랑하게 해주세요."

"이 땅의 것만을 구하며 살지 않고,
주님이 보여주신 그 사랑을
베풀도록 도와주세요.

내 사랑아,

나는 너를 조건 없이 사랑한단다.
그러니 너도 그 어떤 조건이 아닌
나 자체를 사랑하렴.

사랑하는 주님,

이 땅의 삶이
영원할 것 같고, 장구할 것 같지만
결국 지나고 보면
들에 핀 꽃과 같음을 기억하겠습니다.

풀은 마르고 꽃은 시들지만
오직 주님의 말씀은 영원함을 믿습니다.

변치 않는 하나님의 말씀을 의지하고
영원한 하나님나라를 사모하겠습니다.

제 필요를 채워주셔도 감사하고,
채워지지 않아도 감사하며
주님을 따르겠습니다.

날마다 주님을 더 사랑하겠습니다.

하나님의 사랑을 노래하겠습니다.

주님의 사랑을 베풀며 살도록
저와 동행해주세요.

예수님의 이름으로 기도드립니다.

그 너비와 길이와 높이와 깊이가 어떠함을 깨달아
하나님의 모든 충만하신 것으로
너희에게 충만하게 하시기를 구하노라

에베소서 3:19

내 사랑아,

네 마음은 어떠니?

나를 사랑한다고 '매일' 고백하던 일들이
차츰 '어쩌다'가 되고,
요즘은 그조차 듣기 어렵구나.

네 마음속, 내가 있던 자리에
다른 상황과 이야기들이 채워지고

나와 교제하기 위해
열심을 내던 네 열정이
세상 즐거움을 좇는 일에 쓰이고 있지.

네 일상에서 밀려나는 것 같아
내 가슴이 아프구나.

분주한 시간,
쌓여있는 일,
여유 없는 감정,
쉴 틈 없는 만남,
육체적인 피로,
사탄의 속삭임.

나와의 교제를 막는 요인이
무엇인지 하나하나 점검해보렴.

내 사랑아,

안타깝게도
내게서 멀어진 삶을 사는 이들은
내가 그들을 멀리하여
떠났거나 버렸다고 착각한단다.

그들 곁의 나는 보지 못하고 말이야.

내 소중한 사랑아,

나는 네가 그렇게 되지 않기를 바란다.
네 곁의 나를 바라보지 못하고
널 돕는 내 손길을 경험하지 못하는
불쌍한 자가 되지 않기를 바라.

나는 어떤 상황에도 늘 너와 동행하며
네 기쁨과 슬픔을 함께한단다.

네 삶의 순간순간마다
나와 교제하자.
매일 더 깊은 사랑을 네게 부어줄게.

내 사랑으로 네 삶을 물들여가렴.

내 사랑아,

오늘도 나는 너와 교제하기를
기쁨으로 기다리고 있단다!

내 사랑아,

너를 사랑하기에
나는 네 모든 일상이 궁금하단다.
오늘도 나는 너와의 교제를
기쁨으로 기다리고 있단다!

사랑하는 주님,

삶의 분주함으로
주님과의 교제를 놓치고, 미루며 살았습니다.

저와 동행하시는 주님의 존재를 잊고
눈앞에 놓인 상황을 더 중요하게 여겼습니다.

제가 매 순간을 주님 앞에서 살아가고 있음을
기억하게 해주세요.

주님과의 교제를
더 이상 미루지 않도록 도와주세요.

사랑하는 주님,

주님과 친밀함을 누리며 살고 싶습니다.
주님과 더 깊은 교제를 나누길 원합니다.

오늘 더 주님을 사랑하겠습니다.

예수님의 이름으로 기도합니다.

여호와의 친밀하심이
그를 경외하는 자들에게 있음이여
그의 언약을 그들에게 보이시리로다

시편 25:14

나를 사랑하는 자들이
나의 사랑을 입으며
나를 간절히 찾는 자가
나를 만날것이니라

잠언 8:17

천국을 소망하지 않는
당신에게 :

내 사랑아,

내가 너를 위해
천국에 집을 예비해놓았단다.

그 어떤 언어로도 표현할 수 없는
아름다움이 그 안에 있단다.

너는 천국을
얼마나 소망하며 살아가고 있니?

수많은
내 자녀들이 나를 믿고 따르지만
천국을 소망하고 있는 이들은 드물기에
내 마음이 아프단다.

이 땅에만 시선이 머물러 있다 보니

하늘나라를 바라보지 못하는 것이지.

천국을 소망하는 일은,
네가 내 자녀로 살아가면서
중요하게 여겨야 할 일이란다.

네가 천국으로 이사할 때,
가져갈 수 있는 건
아무것도 없음을 기억하렴.

천국을 소망할 때
본질과 비본질을 구분할 지혜를 얻는단다.

천국을 소망할 때
눈앞에 놓인 문제를
다른 시각으로 바라보게 되고
고난과 질고를 즐거워할 수 있게 된단다.

천국을 소망할 때
이생의 것을 좇지 않게 된단다.

내 사랑아,

내가 너를 택했다.
네가 지금 이 땅에 머무는 이유는

다른 사람들을 내게로 인도하기 위해서야.

너는 이 땅에서 삶을 마치는 날까지
네 삶을 변화시킨 '내 사랑'에 대해
끊임없이 전하고 흘려보내야 해.

그들을 향한
내 놀라운 계획이 있음을 알려야 한단다.

세상은 네게 자꾸만
천국을 잊고 살라고 속삭일 거야.

네 눈앞에 커다란 문제들과
헤쳐나가야 할 상황들을 놓아서
천국을 잊게 만들 수도 있고,

또한 너로 하여금 너무 편한 삶을 살게 해서
천국의 필요성에 대해서
잘못된 마음을 품게 할 거야.

하지만 속으면 안 된단다.

네가 무엇 때문에 살아가며
네 믿음을 지키는 이유가 무엇인지
진리와 본질을 분별하는 데 힘을 다하렴.

내게 가장 소중한 사랑아,

사랑하는 이들과 함께
천국을 소망하렴.

나는 너와 얼굴을 마주하며
기쁨으로만 채워갈 천국에서의 시간을
손꼽아 기다리고 있단다.

나와 함께 거할 천국을 소망할 때
너를 떠나 먼저 내 곁으로 온
사랑하는 사람과의 이별을,
네 삶을 안개처럼 뒤덮은 지독한 외로움을
거뜬히 이겨낼 수 있단다.

너를 위해 예비된 집이 있음을 기억하렴.

신앙의 여정을 걸어가며,
너를 위해 준비된 천국을 소망하고

네게 허락된 하루를 감사와 겸손으로
부지런히 살아가렴.

내 사랑아,

사랑하는 이들과 함께
천국을 소망하렴.
그때 눈앞에 놓인 문제를
다른 시각으로 바라보게 되고
고난과 질고를 즐거워할 수 있게 된단다.

사랑하는 주님,

믿음생활을 하며
천국에 대한 소망을 품지 못했던
제 모습을 돌아봅니다.

성경을 읽으면서
'언젠가 주님을 만날 천국은 어떤 모습일까?
주님과 살아가는 삶은 얼마나 행복할까?'
문득문득 생각은 했었지만

지금 제 삶에는
적용되지 않는다고 생각했어요.

이 시간,
천국 소망에 대한
주님의 마음을 들려주시니
정말 감사드려요.

주님과 살아가는 이 땅에서의 삶이
이미 작은 천국의 삶인 것을
기억하겠습니다.

그리고 주님과 함께 얼굴을 마주할
저 천국을 소망하며
이 땅에서 본질과 비본질을
구분하며 살겠습니다.

제 삶을 바꾼 주님의 크신 사랑을
전하며 살겠습니다.

제 믿음의 근원 되시며
삶의 처음과 마지막이 되어주시는 주님,

주님과 함께 거할 저 하늘나라를 소망합니다.
이생의 고통과 아픔에 머무르지 않겠습니다.

사랑하는 주님께 시선을 두고
오늘을 살겠습니다.

예수님의 이름으로 기도합니다.

여호와여 주께서 나를 살펴보셨으므로
나를 아시나이다
주께서 내가 앉고 일어섬을 아시고
멀리서도 나의 생각을 밝히 아시오며

시편 139:1,2

내가 여호와께 바라는 한가지일
그것을 구하리니
곧 내가 내 평생에 여호와의 집에 살면서
여호와의 아름다움을 바라보며
그의 성전에서 사모하는 그것이라

시편 27:4

흔들리는 믿음으로 살아가는
당신에게 :

내 사랑아,

믿음이 흔들리는 일은
나를 신뢰하는 일과 연결되어 있단다.

육신을 가진 사람은
흔들릴 수밖에 없어.
연약하기 때문이란다.

하지만 그 순간마다
어떤 선택을 하는지에 따라
나와 더 깊은 관계를 맺어가기도 하고,
더 멀어지는 관계가 되기도 하지.

성경 속 보리떡 다섯 개와 물고기 두 마리
이야기를 기억하니?

예수를 따르던 오천 명의 사람들을
보리떡 다섯 개와 물고기 두 마리로
배불리 먹이는 기적을 일으켰었지.

제자들은 그 광경을
직접 눈으로 보고 피부로 경험했지만
거친 풍랑 속에서 배가 뒤집힐 위기에 처하자
살기 위한 외침으로
다급하게 예수를 향해 소리쳤단다.

사람은 내가 보여주는 기적을
직접 체험하고서도
돌아서면 잊어버린단다.

믿음과 신뢰를 바탕으로
관계가 이루어졌다면
제자들은 거칠고 다급한 그 상황에서
어떤 선택을 했을까?

내 사랑아,

진정 마음으로 믿고 그 믿음대로 행했을 때
평생 자신을 괴롭히던 병을 치료받은
한 여인의 이야기를 생각해보렴.

혈루증 걸린 여인이
예수의 옷자락만 만져도 오랜 병이 나을 거라는
믿음의 확신을 갖고 행동한 순간,

그녀는 병에서 해방되었단다.

믿음은
눈으로 보여주기 위한 어떤 행동으로
설명할 수 있는 게 아니란다.

마음속 아주 은밀한 곳에서부터
나를 깊이 신뢰하고 사랑하기로
선택하는 일이야.

나는 네가 믿음의 여정을
온 마음 다해 나와 동행하길 원해.

네 믿음이 살랑이는 바람에도
이리저리 흔들리고 있다면
폭풍우에 뿌리가 뽑히지 않도록
견고한 땅에 믿음의 뿌리를 더 깊이 내리렴.

세상은 네가 굳건한 믿음을 갖지 못하도록
갖은 노력으로 네 마음을 흩으려 할 거란다.

그러니 세상의 자극적인 정보들이 아닌
내 음성을 듣는 일에 민감하게 반응하렴.

네 믿음의 중심이
나를 향한 신뢰와 확신이 되도록 해야 해.

너를 뒤흔드는 상황 속에서
눈을 들어 나를 바라보렴.

내가 그 풍랑을 잠잠케 하며,
네 마음속 아픔을 기쁨으로 채우고,
네 삶에서 어둠을 거두고 빛을 비춰줄게.

기댈 곳이 없다며,
도움 청할 곳이 없다며 흔들리지 말고
내게 네 모든 걸 맡기렴.

내 평안으로 너를 가득 덮어줄게.

내 사랑아,

믿음은 마음속 아주 은밀한 곳에서부터
나를 깊이 신뢰하고 사랑하기로 선택하는 일이야.

네 믿음의 중심이
나를 향한 신뢰와 확신이 되도록 해야 해.

사랑하는 주님,

주님의 음성에 기대어
제 믿음을 돌아봅니다.

어려운 상황을 마주하면
주님께 나아와 대화하기보다는
주변 사람들에게 조언을 구하기 바빴고,

해결할 수 없는 일을 마주하면
벌판의 갈대처럼 마구 흔들렸던
제 연약한 믿음을 바라봅니다.

제 믿음 없음을 불쌍히 여겨주세요.
주님을 더 깊이 사랑하고,
제 삶 모든 부분에서 신뢰하고 싶습니다.

제게 믿음을 더하여주세요.

많은 비와 홍수 가운데 쉽게 무너져 내리는
믿음이 되지 않기를 바랍니다.

어떤 상황과 환경에서도
반석 위에 지은 집처럼
굳건한 믿음 위에 서 있기를 원합니다.

앞으로 닥쳐 올 모든 상황 속에서도
주님만을 신뢰하겠습니다.

제가 삶의 방향을 잃고
주님 없는 삶에 매달리지 않도록
바른길로 제 걸음을 인도해주세요.

자비롭고 의로우신 주님을 의지합니다.

예수님의 이름으로 기도합니다.

그러므로 함께 하늘의 부르심을 받은 거룩한 형제들아
우리가 믿는 도리의 사도이시며 대제사장이신
예수를 깊이 생각하라

히브리서 3:1

하나님을 가까이 하라
그리하면 너희를 가까이 하시리라
죄인들아 손을 깨끗이 하라
두 마음을 품은 자들아
마음을 성결하게 하라

야고보서 4:8

일상 속 감사를 잃어버린
당신에게 :

내 사랑아,

요즘 네 입술과 마음속에
감사를 잃어가는 모습이 참 안타깝구나.

삶의 많은 문제가
네게서 감사할 이유를 뺏어가지만
나는 네가 감사할 이유를
오직 내게 두었으면 좋겠구나.

똑똑함을, 외모의 아름다움을,
물질의 부요함이나 특별한 재능을
네 근본적인 감사의 이유로 삼아선 안 돼.

세상의 것은 있다가도 없어진단다.
지혜로운 자가 미련해지고
아름다움이 그 가치를 잃고

94

부요한 자가 가난해지고
가진 달란트는 언제든지 사라질 수 있지.

내 사랑아,

영원히 변치 않는 내가
네 감사가 되게 하렴.

감사를 잃어버린 삶은
기쁨을 잃어버린 삶과도 같아.

네가 새로운 하루를 맞이하는 일을
두려워하는 걸 알고 있단다.

사람들을 만나 이야기할 때마다
잔뜩 긴장하며 위축되고,
감사할 이유마저 잃어버린
지금의 네 상황을
잘 알고 있단다.

내 사랑아,

감사하기 시작하는 일은
네 자신을 회복시키는 일이자
나와의 관계를 회복하는

아주 중요한 일이야.

"오늘 아침도 하나님 사랑 안에서
하루를 시작할 수 있음에 감사."

"다양한 사람들과 소통하며
성숙한 마음으로 자라갈 수 있음에 감사."

"하나님이 나와 함께 이 길을 걸으시고
하나님이 내 마음속 모든 이야기에 귀 기울여주시고
주님이 뜻하신 방향으로 인도하심에 감사."

불평과 불만 대신
네 입술에서 감사의 고백들이 나오길 바라.

내 존귀한 사랑아,

내 시선을 통해 네 삶을 바라보면
감사하지 않을 수 없을 거란다.

너를 최고의 사랑으로 사랑하는
나를 바라보렴.

내가 네 삶 곳곳에 감사의 이유를
천천히 드러내 보여줄게.

오늘,
내가 부어주는
기쁨 가운데 머무르렴.

내 사랑아,

감사를 잃어버린 삶은
기쁨을 잃어버린 삶과도 같아.

영원히 변치 않는 내가
네 감사가 되게 하렴.

사랑하는 주님,

'왜 내게만 감사할 일들이 일어나지 않지?'
이렇게 투덜대며 주님께 등을 돌렸던
지난 시간을 돌아봅니다.

오늘 연약한 제게 찾아오셔서
감사해야 할 이유를 들려주시니 감사합니다.

오직 주님으로 인해
감사하며 살아가겠습니다.

'내 사랑아'라고 불러주셔서 감사합니다.
십자가를 통해 저를 구원해주셔서 감사합니다.
이 땅에서 동행해주시니 감사합니다.

때로는 수많은 관계와 어려운 상황 때문에
제 마음속에 불평과 불만이

자리 잡을 때가 있습니다.

그때마다 주님께서 저를 위해 베풀어주신
십자가 은혜를 생각하겠습니다.

제 삶 곳곳에 허락해주신
선물들을 생각하겠습니다.

주님으로 인해 나오는 감사가
제 불평과 불만을 덮고
기쁨을 지켜낼 수 있도록
제 마음을 주장해주세요.

사랑하는 주님,

감사합니다.
정말 사랑합니다.

오늘 이 고백이
제 평생의 고백이 되게 해주세요.

예수님의 이름으로 기도합니다.

너희는 그 은혜에 의하여
믿음으로 말미암아 구원을 받았으니
이것은 너희에게서 난 것이 아니요
하나님의 선물이라

에베소서 2:8

범사에 감사하라
이것이 그리스도 예수 안에서
너희를 향하신 하나님의 뜻이니라

데살로니가전서 5:18

하나님께 돌아가고 싶지만
세상 속에 머물게 되는
당신에게 :

내 사랑아,

네가 세상 속 즐거움에서
벗어나고 싶어 하는 마음을 잘 알고 있다.

하지만 네가 내게로 돌아오려 결단하면
세상의 즐거움은 너를 더 강하게 끌어당기고
더 깊이 세상 유혹 속으로 빠져들게 할 거야.

벗어나기 위해 애쓰며
눈물로 기도하는 네 모습을
다 보았단다.

자꾸만 유혹에 넘어가
쾌락과 즐거움에 몸을 맡겨버리고 마는
네 모습을 너는 스스로 원망했었지.

언젠가부터
세상의 즐거움 끝에서 오는
공허함으로 인해
갈증과 고통을 느낀다는 것을 안단다.

내 사랑아,

내게로 돌아와.
지금도 늦지 않았단다.

행동하기 두렵거든
내가 들려주는 말씀을 읽으렴.

말씀을 방패 삼아
너를 공격해오는 상황과 맞서 싸우렴.

내가 앞서 너를 보호할 거야.
그러니 말씀으로 무장하여
네 팔과 무릎을 강하게 하렴.

네 걸음을 붙잡고 늘어지는
세상의 먼지를 털어내야 해.
세상의 정욕과 즐거움은 끈질길 거야.

네 삶의 중심에 말씀을 통한
거룩의 기준을 분명히 세워라.

그리고
네 삶을 전적으로 인도하는 나를 의지하고
날마다 거룩의 자리를 지키기 위해
나와 함께 이 전투에 나서자.

자, 내가 네게 준
말씀의 방패를 들어라!

내 사랑아,

내게로 돌아와.
지금도 늦지 않았단다.

날마다 거룩의 자리를 지키기 위해
나와 함께 이 전투에 나서자.

사랑하는 주님,

주님을 믿고
교회에 다니면서도
하나님보다 세상의 즐거움을
더 좋아 살았습니다.

이런 제 모습이 부끄럽고 창피해서
하나님과의 대화를 피하고
하나님과의 관계를
깊이 들여다보지 않았습니다.

그런데 세상의 즐거움이 크면 클수록
제 안의 공허함이 더 커졌고

세상의 즐거움이 두려움이 될 때쯤
하나님으로부터 너무 멀리 떨어진
제 모습을 보았습니다.

하나님이 아닌 세상이 먼저였던
제 삶을 회개합니다.

그리고 걸음을 돌이켜 주님께로 돌아갑니다.
주님 한 분만을 바라보며 걸어갑니다.
제 시선이 다시 세상으로 돌아가지 않도록
마음에 주님의 말씀을 새기겠습니다.

주님을 등지고 살았던
세월이 참 아깝지만

그 시간을 거름삼아
더욱 주님께 꼭 붙어 살길 원합니다.

주님, 사랑합니다.
연약하고 부끄러운 것투성이인 제 모습조차
사랑해주시고 위로해주시니 감사합니다.

저를 진실로 깊이 사랑하시는
주님을 의지합니다.
주님만을 경배하며 찬양합니다.

예수님의 이름으로 기도합니다.

여호와께서 말씀하시되 오라 우리가 서로 변론하자
너희의 죄가 주홍 같을지라도 눈과 같이 희어질 것이요
진홍같이 붉을지라도 양털같이 희게 되리라

이사야 1:18

우리가 스스로
우리의 행위들을 조사하고
여호와께로 돌아가자

예레미야애가 3:40

PART 3

가장 사랑스러운 선물,
나

포장지로 자신을 감추는
당신에게 :

내 사랑아,

선물을 받았을 때
포장지보다 중요한 것은
그 안에 들어있는 내용물이란다.

아무리 화려하고 예쁜 포장지라도
결국 버려지게 되지.

네가 사람들에게 주목받고 싶고,
인정받고 싶은 욕구가 있다는 것을 안다.

그래서 연약한 부분을 감추려
그럴싸한 포장지를 씌우지.

심지어 내 앞에서조차도….

내 사랑아,

부족한 부분을 숨기며
네 감정과 모습을 직시하지 않는 건,
나와의 관계에 벽을 만들 뿐 아니라
결국 너를 병들게 하는 일임을 기억하렴.

세상은 네게
"더 아름다워져라, 더 완벽해져라" 이야기하며
그렇지 않으면 마치 가치가 없는 것처럼 여기지.

분명히 말하지만,
내 가치는 거기에 있지 않단다.
나는 네가 완벽해질 수 없음을 잘 안다.
나는 완벽함을 바라는 게 아니라
그저 내게 나아오길 바란단다.

네 모습 그대로를 내게 드러내는 일은
부끄럽거나 창피한 일이 아니야.
내게는 네 모든 걸 보여줘도 안전해.

그토록 감추고 싶어 하는
네 부족함과 연약함이
역설적으로
너와 나를 잇는 중요한 연결고리가 된단다.

114

그러니
네 결함이나 부족함을 포장하려
시간과 노력을 낭비하지 마라.

포장지 속 현실이
네가 보기에
상한 갈대와 같고,
꺼져가는 등불 같아도,
그 모습 그대로 나아오렴.

나는 상한 갈대를 꺾지 않아.
꺼져가는 등불을 결코 끄지 않는단다.

왜냐면 너는 내 자녀이고
나는 너를 사랑하기 때문이란다.

오늘,
너를 사랑하는 내게
연약함 그대로 나아오렴.
네가 어떤 모습이든
네 등 뒤에는 사랑으로 응원하는 내가 있다.

네 있는 모습 그대로를
사랑으로 받아줄 거란다.

내 사랑아,

네 부족함과 연약함이
역설적으로
너와 나를 잇는 중요한 연결고리가 된단다.

제 삶 구석구석을
다 아시는 주님,

아름답고 화려한 것에 마음을 두느라
주님의 음성에 귀 기울이지 못했음을 고백합니다.

제 연약함을 감추기에 급급해
하나님 앞에 전심으로 서지 못했습니다.

불쌍히 여기시고, 은혜를 베풀어주세요.

상한 갈대를 꺾지 않으시고
꺼져가는 등불을 끄지 않으시는 주님이 계시기에
제가 주님으로 인해 용기를 냅니다.

있는 그대로의 모습으로
주님께 나아갑니다.

사랑을 부어주세요.
주님 사랑을 의지해 살아가겠습니다.

저 자신을 감추느라 꽁꽁 두르고 있던
포장지를 벗어버리고
제 삶을 주님께 올려드립니다.

예수님의 이름으로 기도합니다.

여호와는 너를 지키시는 이시라
여호와께서 네 오른쪽에서 네 그늘이 되시나니

시편 121:5

상한 갈대를 꺾지 아니하며
꺼져가는 등불을 끄지 아니하고
진실로 정의를 시행할것이며

이사야 42:3

내 사랑아,

살아갈 동력을 잃어버렸니?
네게 주어진 일들을 감당할
힘이 다 소진되었니?

어떤 일에 몰두하느라
몸과 영혼에 피로가 쌓여
힘과 의욕을 잃어버린 상태가 되었구나.

내면의 기름이 모두 떨어졌구나.

그러면
모든 관계에서 무기력하게 반응하게 되지.

내게 기도하는 시간도,
다른 사람과 말을 섞는 시간도

마음의 여유가 없으니 힘들게만 느껴질 거야.

내 사랑아,

차에 기름이 떨어지면
당연히 주유소에 가야 하듯

네 내면의 기름이 떨어지고,
계기판의 바늘이 바닥을 향할 때면
곧장 내게로 나아와야 해.

내가 네 회복과
힘의 원천이 되기 때문이란다.

구약성경에 엘리야 선지자도
내면의 기름이 떨어졌을 때가 있었단다.

열왕기상에 보면
엘리야가 이세벨에게 쫓기다가
로뎀나무 아래서 축 늘어져 있는 모습이 나오지.

엘리야는 삶을 포기해버리고 싶은
충동이 들어서
내게 차라리 죽여달라고 말했단다.

나는 내면의 기름이 다 떨어져버린
엘리야를 홀로 두지 않았단다.

먼저 천사를 보내
누워있는 엘리야를 어루만졌단다.
일어나 먹으라고 떡도 숯불에 구워주었지.

그리고 다시 어루만져주고
내가 직접 만나주었단다.

엘리야에게 새로운 동료 엘리사를 허락해주며
다음 걸음에 대한 희망 또한 주었단다.

"너는 혼자가 아니야."

엘리야를 위로하고 격려했단다.

이로 인해 엘리야는 충분히 회복될 수 있었고
다시금 살아갈 이유와 힘이 생겼지.

내 사랑아,

나와의 관계를 통한
위로와 사랑, 격려와 소망이
번아웃을 극복하게 한단다.

네가 지금
힘과 의욕을 잃어버린 상황이라면
홀로 낙심하거나 비관하지 말고
내게 곧장 나아오렴.

내가 너를 격려하고 위로해주겠다.

무거운 짐을 지고 지친 사람은
모두 나에게 오너라
내가 너희를 쉬게 할 것이다

마 11:28 쉬운성경

나는 마음이 온유하고 겸손하니
나의 멍에를 메고 내게 배워라
그러면 너희 영혼이 쉼을 얻을 것이다

마 11:29 쉬운성경

네가 계속
일하고, 쓰임 받고, 행동하기 위해서는
회복되고, 채움 받고, 기도하는
시간이 필요하단다.

무엇보다
내 안에서 쉬는 시간이 필요해.

오늘,
해야 할 일들에 압도되어
무기력함에 빠져있다면
그 자리에서 나를 부르렴.

내가 너를 위로하고 격려하여
네 기름을 채워줄 뿐만 아니라

네가 가야 할 방향과 속도에 대해서도
알려줄 것이다.

내 사랑아,

나와의 관계를 통한
위로와 사랑, 격려와 소망이
번아웃을 극복하게 한단다.

사랑하는 주님,

지쳐있는 제게
따뜻한 주님의 음성을 들려주셔서 감사합니다.

지금 제 상황이 마치
이세벨에게 쫓겨 로뎀나무 아래에 누워있는
엘리야 같습니다.

내면의 기름이 다 떨어졌습니다.

번아웃에 빠져 우울합니다.
지쳐서 다시 일어날 힘이 없습니다.

엘리야를 찾아가셔서 위로하시고 격려하셨던 것처럼,
저를 찾아오셔서 먹여주시고 만져주세요.
위로해주시고, 다시 일어날 힘을 주세요.

엘리야처럼
주님 안에서 쉼을 누리고
다시 살아갈 이유와 힘과 소명을
회복하길 원합니다.

제 삶의 방향과 속도도
주님 뜻대로 다시 설정해주세요.

그리고
제가 회복되고 다시 일어서서…
저처럼 번아웃에 빠져있고,
우울함에 지쳐있는 이들을 본다면
마음과 힘을 다해 도울 수 있게 해주세요.

그들을 위로하고 격려하고
복음을 들려주고
같이 기도하길 원합니다.

주님께서 그러하셨듯이
어루만져주고, 힘을 북돋아 주는
제가 되길 원합니다.

주님께서 저와 동행해주실 것을 믿으며
예수님의 이름으로 기도드립니다.

로뎀나무 아래에 누워 자더니
천사가 그를 어루만지며
그에게 이르되
일어나서 먹으라 하는지라

열왕기상 19:5

나는 마음이
온유하고 겸손하니
나의 멍에를 메고 내게 배우라
그리하면 너희 마음이
쉼을 얻으리니

마태복음 11:29

비교로 인해
자신을 사랑하는 일이 서툰
당신에게 :

내 사랑아,

네가 이 땅에서
관계를 맺어갈 때 가장 중요한 건,
내가 너를 사랑하듯 네 자신을 사랑하는 것과
네 몸과 같이 네 이웃을 사랑하는 일이란다.

자신을 사랑하지 못하면
사랑의 흐름에 벽이 생기고
너를 통해 내 사랑이
다른 누군가에게 흘러가기가 어렵지.

그만큼 너 자신을 사랑하는 일은
중요하단다.

내 사랑아,

네가 다른 사람과의 비교로 인해
축 처져있구나.

너 자신을 초라하게 여기고,
왜 나는 부족할까 자책하고,
결국 사랑스럽지 않다고 여기는구나.

네가 그렇게 결론지어도
나는 네게 사랑한다고 말하며
다함없는 마음을 부어줄 거야.

내 사랑스러운 자야,

너를 사랑한다.
내 눈에 너는 너무나 사랑스러워!

그러니
세상이 속삭이는 거짓에 귀 기울이지 마라.

세상은
"너는 쓸모가 없어"
"네 존재는 의미가 없어"라며 너를 깎아내릴 거야.

하지만 그런 평가가 아닌,
네 토기장이인 내 말에 귀 기울이렴.

"너는 내 사랑하는 자란다."
"너는 이 세상 어떤 것보다 가장 소중하단다."
"내게는 너란 존재 자체가 더할 나위 없이 큰 기쁨이야."

네 온 삶을 통해 말하는 내 이야기에 집중해보렴.

내 아름다운 보석,
내 사랑하는 자야!

내가 한 사람 한 사람을 다 다르게 창조한 이유는,
서로를 비교하게 하기 위함이 아니야.

각자 다른 모습을 서로 격려하고
사랑하게 하기 위함이란다.

너 자신을 사랑하려면
네 가치를 세상이 아닌 내게 두어라.

비교를 뛰어넘는
사랑의 원천은 나로부터 나온단다.

무릎에 힘을 주고 일어서라.

내 사랑을 향해 네 고개를 들어라.
너는 사랑받기에 부족함이 없단다.

너를 향한 내 사랑은 진실되고,
사랑을 주었다가 거두어들일 일도 없지.

너는 이 사랑을 받기 위해 창조되었단다.

내 사랑하는 자야,
내 어여쁜 자야,

일어나서 나와 함께 가자.

내 아름다운 보석,
내 사랑하는 자야,

내가 한 사람 한 사람을 다 다르게 창조한 이유는,
서로를 비교하게 하기 위함이 아니야.

각자 다른 모습을 서로 격려하고
사랑하게 하기 위함이란다.

사랑하는 주님,

주님의 사랑받는 자녀로 살아가지만
자꾸만 마음을 비집고 들어오는
부정적인 생각과 평가들이 있습니다.

이로 인해 저 자신을 누군가와 비교하며
세상이 말하는 것처럼
저 자신이 사랑스럽지 않다고
생각할 때가 많았습니다.

오늘,
따뜻한 주님의 음성에
가슴이 먹먹해집니다.

주님,
이제는 제가 쓸모없다는 말,
제 존재가 가치 없다는 말에

더는 귀 기울이지 않겠습니다.

주님께서 저를 사랑하신다는,
그 음성에 귀 기울이겠습니다.

그리고
주님께서 창조하신 제 작은 일부분까지
전심으로 사랑하겠습니다.

주님, 사랑합니다.
예수님의 이름으로 기도합니다.

나의 사랑하는 자가 내게 말하여 이르기를
나의 사랑, 내 어여쁜 자야
일어나서 함께 가자

아가 2:10

누가 우리를 그리스도의 사랑에서 끊으리요
환난이나 곤고나 박해나
기근이나 적신이나 위험이나 칼이랴

로마서 8:35

모든 문제를 괜찮다는 말로
일관하는 당신에게 :

내 사랑아,

"괜찮아, 괜찮을 거야."
네가 습관적으로 읊조리는 말 속에
많은 무게가 담겨있구나.

'버팀.'

충분히 울어야 하고
한없이 쉬어야 함에도,
그저 괜찮다는 말로 아슬아슬하게
오랜 시간 버티고 있구나.

아직은 버틸 만하다는 생각에
너도 모르게 병들어가는
자신을 외면해선 안 돼.

"괜찮다"라는 말로
스스로 위로하려 하지 말고,

말씀으로 네게 새 힘을 부어주길 원하는
내게로 나아와 입을 열어보렴.
나는 네 요청을 기다리고 있단다.

내 사랑아,

나는 네게 위로와 격려가 필요함을
이미 알고 있단다.

그 누구도 네 상황과 문제를
이해하려 하지 않니?
그 누구도 네 아픔을 공감하려 하지 않니?

괜찮다는 네 말에
때로는 깊은 외로움이 묻어있구나.

내 사랑아, 기억하렴.
나는 네 작은 한숨조차 가벼이 여기지 않는단다.

네 아픈 마음에 손을 얹고
지쳐있는 너를 돌보길 원한단다.

네 피난처 되는 내가 여기 있다.
네 진정한 안식처가 바로 여기 있어.

도저히 버틸 수 없는 그 상황과 문제를,
혼자 외롭게 감당하지 말고,

가슴이 미어져
눈물이 터져 나오는 그 감정까지
모두 내게 가져오렴.

오늘,
네 힘으로 해결하려는 의지를 모두 내려놓고
나를 온전히 의지하렴.

내 사랑아,

오늘,
네 힘으로 해결하려는 의지를 모두 내려놓고
나를 온전히 의지하렴.

사랑하는 주님,

내 작은 한숨까지 들으시고
모든 순간 동행하시는 주님,

주님의 사랑이 너무 커
다 감당할 수 없습니다.

그동안 제게 닥쳐온 문제들을
스스로 괜찮다 여기며 걸어왔습니다.

괜찮다는 말로 제 감정을 억누르며
혼자 감당하려 했습니다.

아슬아슬하게 버티며
외롭게 혼자 싸움하고 있는 제 모습을
발견하게 해주시니 감사합니다.

주님,

이제는 괜찮다는 말 대신
건강하고 올바르게
제 감정을 주님께 표현하고 싶습니다.

혼자 해결하려는 의지를 내려놓고
주님을 의지합니다.

마음이 미어져 슬프고
기쁘고 즐거운 모든 순간을
주님께 아뢰며 함께 걸어가고 싶습니다.

제 한숨을 들으시며
제 말에 정성껏 귀 기울여주시는 주님께

이 시간 문제와 아픔을 갖고 나아갑니다.

주님이 계시기에
저는 진정 "괜찮습니다."

주님, 감사합니다.
주님, 너무 사랑합니다.

예수님의 이름으로 기도합니다.

오직 여호와를 앙망하는 자는 새 힘을 얻으리니
독수리가 날개 치며 올라감 같을 것이요
달음박질하여도 곤비하지 아니하겠고
걸어가도 피곤하지 아니하리로다

이사야 40:31

여호와는 네게 복을 주시고
너를 지키시기를 원하며
여호와는 그의 얼굴을 네게 비추사
은혜 베푸시기를 원하며

민수기 6 : 24, 25

자신의 죄가 용서받을 수 있을까
두려운 당신에게 :

내 사랑아,

죄는 익숙해질수록 은밀해지고
감출수록 거대해진단다.

나는 네가 죄의 자리에서
벗어나야 함을 알면서도 계속 넘어지며
그 자리에서 벗어나지 못함을 알고 있어.

시간이 흐를수록
'내 죄가 용서받을 수 있을까'라며 고민하는
네 깊은 두려움까지 알고 있단다.

네가 내게로 나아오는 데
걸림돌이 무엇이니?

죄는 네가 내게로 나아오는 걸

계속 가로막으려고 할 거야.

'네 추악한 모습, 넌 절대 용서받지 못해.'

사탄은 네 연약함을 파고들며 속삭이겠지.

내 소중한 사랑아,

기억하렴.
나는 네 연약함을 비웃지도,
죄로 인한 네 좌절과 초라함을
외면하지도 않을 거야.

나를 의심하고,
가장 악한 죄를 저질렀더라도
내게로 나아오렴.

내 사랑아,

죄 가운데 있는 너를 구원하기 위해
나는 내 아들을 아끼지 않았단다.

네 죄가 용서받을 수 있을까
두려울 때마다
너를 위해 십자가에 못 박혀 죽은

사랑의 예수를 기억해라.

너 스스로 이 엄청난 사랑을
받을 자격이 없다고 생각하겠지만
십자가를 통해 네게는 충분한 자격이 주어졌단다.

내 사랑아,

죄로 인해 나로부터 멀어져서는 안 돼.
너와 나의 관계가 깨어져서는 안 돼.

죄와 나는 공존할 수 없기에
네가 죄를 고백하고 회개하는 것이 중요하단다.

나는 너를 용서하기 위해 이 자리에 있다.
내 다함없는 사랑을 부어주기 위해
너를 부르고 있지.

너를 사랑한다.

내 안에 거하며
진정한 회복과 놀라운 치유를 경험하렴.

내 소중한 사랑아,

기억하렴.
나는 네 연약함을 비웃지도,
죄로 인한 네 좌절과 초라함을
외면하지도 않을 거야.

사랑하는 주님,

제게는 감추고 싶은
부끄러운 죄악이 많습니다.
사람에게 말할 수도,
하나님께 고백할 수도 없는
비밀들이에요.

그 죄를 감출수록
하나님 앞에 나아가는 게
두렵고 너무 무섭습니다.

주님께서 진노하시고
저를 심판하실 거라는 두려움에
마음이 떨려 차마 고백하지 못하겠어요.

하지만 오늘 주님이 들려주시는 음성에
제 마음에 용기가 싹텄습니다.

제 죄를 씻어주신
예수 그리스도,
그 사랑의 십자가로 인해
주님 앞에 나아갑니다.

사랑하는 주님,

용기 내어 고백하는
제 추악한 죄를 용서해주세요.
저를 긍휼히 여겨주세요.

스스로 죄로부터
빠져나올 수 없음을 고백합니다.

주님이 제 삶 중심에 좌정하셔서
제 인생을 운행해주세요.

제 삶의 주인 되시는
주님께 제 삶을 올려드립니다.

또다시 죄로 인해 무너지더라도
부끄러워 감추기보다는
주님 앞에 먼저 나아가 아뢰고
주님의 음성을 듣겠습니다.

주님, 사랑합니다.

예수님의 이름으로 기도합니다.

여호와께서 너를 실족하지 아니하게 하시며
너를 지키시는 이가 졸지 아니하시리로다
시편 121:3

기록된바
하나님이 자기를 사랑하는 자들을 위하여
예비하신 모든것은
눈으로 보지 못하고 귀로 듣지 못하고
사람의 마음으로
생각하지도 못하였다 함과 같으니라

고린도전서 2:9

모든 관계에 무기력해진
당신에게 :

내 사랑아,

때로는 네 관계들을
선물로 여기지 않고
무거운 짐같이 느끼고 있구나.

더 많이 사랑하고,
더 많이 섬기고,
더 많이 배려했지만

네 마음을 함부로 대하는 사람들 때문에
많은 상처를 받았구나.

상처를 주고, 오해하고,
힘들게 하는 관계로 인해
결국 무기력하게 반응하게 된
네 모습이 참 안쓰럽다.

154

그래서 오늘은
네게 이 이야기를 꼭 해주어야겠구나.

어떤 이유든
관계에서 오는 마음의 상처는
온전히 회복시키지 않으면
쉽게 덧나고 곪는단다.

시간이 흐르면 조금 무뎌질 뿐,
온전한 회복은 아니란다.

동일한 상황을 마주하면
그 상처가 다시
네 마음속 수면 위로 불쑥 떠오르지.

내 사랑아,

나는 포로 된 자들에게 자유를,
억눌린 자들에게 해방을 주는
하나님이야.

회복시키고 치유하는 하나님이란다.
네 모든 아픔과 상황을
공감하고 있단다.

그러니
반복되는 관계 속 상처로 인해
무기력함이 너를 잠식하지 못하도록
너 자신을 포기하지 마라.

내 거대한 사랑에 깊이 잠기렴.
네 영혼을 소생시키는 나를 붙들렴.

내 사랑아,

내가 네게 관계를 허락한 이유는
서로 사랑하며 살아가게 하기 위함이야.

선한 의도만 있을 뿐
너를 힘들게 하기 위함이 아니란다.

또 상처받을까, 마음이 다칠까
전전긍긍하며 염려하기보다는
네가 할 수 있는 최선으로 사랑하며 살아가라.

내가 일할 부분까지 네가 걱정하지 마라.
네게 선물로 준 그 관계들을
온전히 지켜나갈 힘은
오직 나로부터만 얻을 수 있단다.

관계에 아픔이 생길 때마다
사람을 의지하기보다는
내 사랑 안에 머무는 시간을
꼭 가져야 한단다.

내 사랑아,

지금 네게는
누군가를 사랑할 힘이 없지만

그런 네 마음을 회복시키고
다시 사랑할 수 있는 새 힘을 부어주겠다.

네게 선물로 허락한
그 관계들 속에서
기쁨을 누려가도록 도와줄게.

내 사랑아,

관계에 아픔이 생길 때마다
사람을 의지하기보다는
내 사랑 안에 머무르는 시간을
꼭 가져야 한단다.

사랑하는 주님,

관계 속에서 받은 상처로 인해
쉽게 우울해지는 자신을 마주합니다.

마음이 너무 지쳐
누군가와 통화하고 싶지도,
문자를 주고받고 싶지도,
얼굴을 마주하고 싶지도 않았어요.
그저 혼자 있고 싶었어요.

관계에 공허함과 무기력함을 느끼는
제 모습을 마주하면
마음이 많이 아팠어요.

주님, 이런 제게 다가와
사랑의 음성을 들려주시니 감사해요.

제 마음의 상처를 그냥 두지 않고
하나님 사랑에 잠잠히 머무르며
회복하는 시간을 갖겠습니다.

제가 주님의 사랑을 의지하지 않고
제 힘으로 사랑하려 했기에
지쳤음을 깨닫습니다.

힘들지만
제게 선물로 주신 관계들을 소중히 여기고
주님의 말씀 따라
더욱 사랑하며 살겠습니다.

하나님이 하실 일까지
제가 염려하지 않겠습니다.
그저 최선을 다해 사랑하며 살겠습니다.

이 시간,
한없는 주님의 사랑을 의지합니다.
주님만을 바라봅니다.

저를 끌어당기는 무기력에서 벗어나
관계의 회복을 위해 기도합니다.

관계의 회복을 위해 걸어가는
이 여정에 동행이 되어주세요.
간절히 기도드립니다.

예수님의 이름으로 기도합니다.

여호와께서 이르시되
내가 친히 가리라 내가 너를 쉬게 하리라

출애굽기 33:14

여호와의 말씀이니라
너희를 향한 나의 생각을
내가 아나니
평안이요 재앙이 아니니라
너희에게 미래와 희망을 주는 것이니라

예레미야 29:11

**과거의 상처에 매여있는
당신에게 :**

내 사랑아,

네 삶에 일어난 일 중에서
지금도 여전히 상처로 남아있는 일이 있니?

지우려고 노력해봐도 지워지지 않고
마음 깊은 곳에 지금까지 지니고 있는
관계의 아픈 기억들 말이야.

소중히 여겼던 사람이
이유 없이 너를 떠나고,
뜨겁게 사랑했던 사람의 마음이
차갑게 식어버리고,
믿었던 사람에게 배신당해
네 마음과 신뢰가 산산조각 났던
그 기억하기조차 버거운 순간들….

그 실패의 기억과 아픔이
감출 수 없는 상처가 되어
오늘의 네 삶에도 영향을 주고 있구나.

내 사랑아,

여전히 과거 속 상처에 매여
관계의 기쁨을 누리지 못하고 있니?

말씀을 통해 네 아픔을 위로하고
새로운 방향을 설정해주고 싶구나.

너희는 이전 일을 기억하지 말며
옛날 일을 생각하지 말라
보라 내가 새 일을 행하리니
이제 나타낼 것이라 너희가 그것을 알지 못하겠느냐
반드시 내가 광야에 길을 사막에 강을 내리니

이사야 43:18,19

내 소중한 사랑아,

과거는 잊어라.
이전 것은 이미 지나갔다.
실패도 네 기억 책에서 지워버려라.

더는 스스로 자책하지 말고,
내 음성 앞에 갖고 나와 모두 맡겨라.

내가 네 삶에 새날을 행할 것을 신뢰하렴.

'오늘'은 네게 주어진 소중한 선물이란다.

나는 네가 후회와 번민으로
지금의 시간을 채워가지 않길 바라.

과거의 상처에 계속 매여있으면
감사함으로 현재를 맞이할 수 없고,
그렇게 하루하루를 놓치게 된다.

내 사랑아,

나는 네 삶의 주관자이자
네 시간의 동행자란다.
과거에도 함께했고
지금도 함께 걷고 있으며
앞으로도 계속 동행할 거야.

네 과거의 상처를
내게로 가지고 오렴.

그 상처를 보듬어주고
천천히 네 슬픔을 걷어내 줄게.

네가 나를 찾고 구할 때
충만한 기쁨을 허락해줄게.

사람에게 상처받은 네가
일어날 수 있도록
다시 사람을 보내어
너를 위로하고 격려할 거야.

나는 네가 천국에 오는 날까지
이 땅에서 너와 아름다운 이야기들을
써 내려가기 원해.

다시 일어서자.
오늘이라는 시간이 새롭게 주어졌으니
감사와 기쁨으로 채워보렴.

사랑하는 내 자녀야,

내가 너와 동행하겠다.

내 사랑아,

나는 네가 후회와 번민으로
지금의 시간을 채워가지 않길 바라.

'오늘'은 네게 주어진 소중한 선물이란다.

사랑하는 주님,
저를 새롭게 하시는 주님,

제 아픔에 공감해주시고,
상처를 싸매주시는
주님의 따스한 음성에
귀를 기울입니다.

그동안 과거의 상처가
순간순간 마음 깊은 곳에서부터
고개를 들고 저를 괴롭혔습니다.

그럴 때마다
버텨내기가 너무 힘들었습니다.

좋은 사람을 만나도
나중에는 배신할 것 같고
또 저를 버리고 떠날 것만 같았습니다.

그 불안함과 상처는
저를 사랑으로 보듬어주는 진실된 사람조차
온전히 믿지 못하게 만들었지요.

제 안에 아직도 남아있는
깊은 상처와 아픔을 주님이 만져주세요.
불쌍히 여겨주시고, 돌보아주세요.
저를 변화시켜주세요.

주님,

제 삶을 통해 아름다운 이야기를
써 내려가고 싶으시다는
주님의 음성에 제 마음을 둡니다.

과거에 매여 현재를 놓치는
어리석은 자가 되지 않도록
주님만을 꼭 붙들고 살아가겠습니다.

오늘,
주님의 십자가 사랑에 힘입어
과거의 상처로부터
한 발자국 자유하길 기도합니다.

예수님의 이름으로 기도합니다.

이르되 큰 은총을 받은 사람이여
두려워하지 말라 평안하라 강건하라 강건하라
그가 이같이 내게 말하매
내가 곧 힘이 나서 이르되
내 주께서 나를 강건하게 하셨사오니 말씀하옵소서

다니엘 10:19

하나님이여 주는 나의 하나님이시라
내가 간절히 주를 찾되
물이 없어 마르고 황폐한 땅에서
내 영혼이 주를 갈망하며
내 육체가 주를 앙모하나이다

시편 63:1

자신의 삶의 자리가 괴로운
당신에게 :

내 사랑아,

지금 네가 서 있는 자리에
만족하고 감사하며 살고 있니?

나는 자리의 낮음이나 높음을 보지 않는다.
가난이나 부요를 보지도 않지.

얼마나 최선을 다해
그 자리를 감당하는지,
얼마나 기쁨으로
그 자리를 채워가는지를 바라본단다.

내 사랑아,

지금 네가 감당하고 있는 그 자리는
내가 네게 허락한 자리란다.

네가 하찮게 여길지라도
나는 그곳에서의 네 노력과 헌신을
소중하고 기쁘게 여기고 있단다.

그러니
"왜 내 자리는 이 모양일까?
벗어나고 싶다"라고 말하기보다

'주님이 이 자리에 세워주셨으니
옮기실 때까지 최선을 다해 감당해보자',

'주님이 허락하신 이 자리에서
무엇으로 영광을 올려드릴 수 있을까?'를
생각하고, 살아내기를 바라.

내 사랑아,

네게 주어진 그 자리를 귀히 여기렴.
매 순간 전심으로 감당할 때
내가 너를 통해 일할 것이다.

중요한 한 가지가 더 있단다.

네가 서 있는 그 자리가
네 선교지란다.

너는 내 소식을 전할 아름다운 발이자
복음의 기쁜 소식을 선포할 축복의 통로야.

너를 통해
하늘나라의 메시지가 선포되며
많은 이들이 내게로 돌아오도록
네가 있는 그 자리에서
복음의 아름다운 향기를 드러내렴.

지금 네 자리를 지켜내기가 버겁고
너무 괴로워 도망치고 싶다면
너와 함께하는 나를 기억하렴.

너는 언제나 혼자가 아니란다.
나와 함께 감당해가자.

내 아름다운 사랑아,

오늘도 나는 서 있는 자리에서
열심히 버텨내는 너를
온 맘 다해 축복한다.

내 사랑하는 자야,

네가 서 있는 그 자리는
네 선교지란다.

너는 내 소식을 전할 아름다운 발이자
복음의 기쁜 소식을 선포할 축복의 통로란다.

사랑하는 주님,

제게 맡겨진 자리가
누구나 쉽게 맡을 수 있는 자리라 생각해서
귀히 여기지 않았습니다.

하나님이 보내신 자리라기보다
빨리 벗어나야 할 자리라고 생각했어요.

더 좋은 자리를 소망하며
지금 있는 자리를 소홀히 했던
제 모습을 돌아봅니다.

주님이 허락하신 이 자리에서
불평과 불만보다는
최선과 순종의 걸음을 걷도록 도와주세요.

주님과 함께라면

그 어디나 하늘나라라는 사실을 믿으며
지금 있는 이 자리부터
기쁨으로 살아내겠습니다.

그리고 부족하지만
복음의 씨앗도 심어보겠습니다.

주님이 함께해주시고,
제가 머무는 이 자리를 축복해주세요.

제 힘이 되시는
예수 그리스도의 이름으로 기도합니다.

너희는 마음에 근심하지 말라
하나님을 믿으니 또 나를 믿으라

요한복음 14:1

네 길을 여호와께 맡기라
그를 의지하면 그가 이루시고

시편 37:5

정직함의 자리에 거하고 싶은
당신에게 :

내 사랑아,

나는 네가 늘 정직의 자리를
지키기를 바란단다.

정직은 네 마음속 다짐과 행실이
일치해야 하는 거란다.

사람이 보기에는 그 행위가
다 정직할지라도
나는 사람의 깊은 마음까지 감찰한단다.

마음속으로 사랑하겠다 다짐하고
누군가를 뒤에서 헐뜯고 있다면
정직한 삶이 아니야.

아주 작은 것에서부터

네 마음이 정직할 수 있어야
큰 상황들 앞에서
어렵지 않게 네 마음을 지킬 수 있단다.

'이 정도는 괜찮겠지'라는
네 기준을 걷어내고
내 말씀에 기준을 두어라.

정직함의 자리는
내 능력을 힘입어 걸어갈 때
온전히 지켜낼 수 있다.

여호와의 말씀은 정직하며
그가 행하시는 일은 다 진실하시도다

시편 33:4

나는 거짓을 싫어한다.
정직함으로 나와 소통하며
내 길을 따른다면
네 모든 걸음을 내가 책임지고 이끌어줄 거야.

그는 정직한 자를 위하여 완전한 지혜를 예비하시며
행실이 온전한 자에게 방패가 되시나니

잠언 2:7

내 아름다운 자야,

네 입술의 고백과
네 삶의 행실이
내가 찬양받기에 합당한
정직한 삶이 되기를 바란다.

때로는
손해 보는 것처럼 느껴질 수도 있을 거야.

하지만 기억하렴.
내 말은 하나라도 거짓이 없다는 걸.

나는 언제나 정직과 진실로 행하기에
네 삶의 방패가 되고
온전한 피난처가 되며
네 삶을 모든 환란으로부터 지켜낼 거란다.

내 사랑아,

정직함의 자리에 거한다는 건,
내 말씀으로 네 영혼을 먹이고
네 삶을 옷 입는 거란다.

내가 네 삶의 길을 곧게 하며

기쁨으로 네가 가야 할 길을 알려줄게.

세상의 기준으로 네 걸음을 옮기지 말고
내 말을 기준으로 네 길을 점검하며
정직함으로 걸어가렴.

내 사랑아,

정직함의 자리에 거한다는 건,
내 말씀으로 네 영혼을 먹이고
네 삶을 옷 입는 거란다.

사랑하는 아버지,

'정직'의 온전한 의미를 되새겨봅니다.

수많은 상황 가운데에서
제가 얼마나 정직함의 자리를 지켜왔는지
돌아봅니다.

이 시간,
제 삶의 방패 되시며
온전한 위로자요 힘이 되시는
주님을 의지합니다.

정직함의 자리를 지키다 보면
한편으로 제게 주어진 많은 것을
내려놓아야 할 때가 있어요.

제 욕심과 자랑 그리고 자기만족 등.

하지만 저를 위한 삶이 아닌
주님을 위한 삶으로
제 삶의 방향을 재설정하겠습니다.

정직한 자의 삶을
기뻐하신다는 주님의 음성을
마음에 새깁니다.

주님의 기쁨이 되는 삶을
살고 싶습니다.

정직함으로 주님과 소통하며
더 깊은 교제의 자리로 나아가고 싶습니다.

'이 정도는 괜찮겠지?'라는 생각 대신
"주님이 기뻐하시는 선택과
방향은 어디인가요?"라며
작은 것부터 주님께 묻고

주님의 음성에 순종하여
걸음을 내딛겠습니다.

정직을 지켜 행하는 삶이
주님이 계신 그곳을 바라보며
걸어가는 길임을 기억하겠습니다.

예수님의 이름으로 기도드립니다.

하나님이여 내 속에 정한 마음을 창조하시고
내 안에 정직한 영을 새롭게 하소서
시편 51:10

의인의 길은 정직함이여
정직하신 주께서
의인의 첩경을 평탄하게 하시도다

이사야 26:7

하나님의 기쁨이 되고 싶은
당신에게 :

내 사랑아,

나는 기쁠 때나 슬플 때나
내 앞으로 나아오는
네 모습이 정말 기쁘다.

내 기쁨이 되는 일은
네가 가진 것과 노력으로
얻을 수 있는 게 아니란다.

너는 이미 내 자녀이기에
네가 가진 게 없고
자랑할 게 없어도
나는 너를 사랑한다.

그러니
내가 창조한 존귀한 너 자신을

내 사랑으로 들여다보렴.

네가 말씀을 읽고,
내 영광을 입술로 선포하며,

내게 예배하기 위해
예배의 자리를 소망하는 일은
나를 사랑하면 자연스러워지는 일이야.

네 시간과 감정을
억지로 내게 맞추기보다
내가 부어주는 사랑에 깊이 머무르며
나를 사랑하는 일에 마음을 집중해보렴.

그리고
내 자녀임을 삶에서 드러내며
그리스도의 모양을 닮아가렴.

내 기쁨아,
내 사랑아,
너는 내게 존귀하단다.
너는 내게 아주 특별하단다.

그런 너를
예수 그리스도의 십자가 보혈을 통해

죄에서 구원했단다.
그리고 한결같이 너를 사랑하고 있단다.

내 기쁨이 되고 싶다면,
'무엇을 할까?'
'어떤 것들로 주님을 기쁘시게 해드릴까?'
고민하기 전에 내게로 달려 나오렴.

너를 향한 내 사랑의 음성에,
기쁨의 속삭임에
귀를 기울여보렴.

내 사랑아,

네 존재 자체가 이미 내게는
큰 기쁨이란다.

내 사랑아,

네 존재 자체가 이미 내게는
큰 기쁨이란다.

사랑하는 아버지,

제 삶을 돌아보니
주님의 자녀 된 삶이라기엔
부족함투성이입니다.

'어떻게 하면 주님을
기쁘게 해드릴 수 있을까?' 고민하며

매일 말씀을 읽고 또 읽었지만
말씀대로 살아내지 못했고,

예배의 자리로 나가 예배를 드리면서도
다른 생각에 치우쳐
주님께 영광 돌리지 못했습니다.

'세상 속에서 그리스도의 빛과 소금으로
자녀 된 삶을 살아야지!'라며 다짐하지만

하루를 마치는 저녁 무렵엔
꼭 후회와 번민으로 가득 차 있는
자신을 발견했습니다.

주님이 없는 행위에
열정을 쏟았음을 고백합니다.

주님의 사랑에 잠잠히 머무르며
주님께서 부어주시는 사랑에
흠뻑 젖지 못한 채
입술로만 주님을 사랑한다 고백했습니다.

진실로 제 삶을 돌이키길 원합니다.

주님이 기뻐하시는 제 존재 자체를
더욱 사랑하며
주님께서 기뻐하시는
주님과의 교제의 자리를

굳건히 지키겠습니다.

하나님이 없는 행위에
하나님을 사랑한다며
열심 내지 않겠습니다.

주님이 계신 곳에 함께 거하며
들려주시는 음성을 경청해
기쁨의 시간을 채워가겠습니다.

사랑하는 주님,

주님께 기도할 수 있음에 감사합니다.
저를 "기뻐하는 자"라 불러주시니 감사합니다.

벅찬 이 감동과 기쁨을
매일 더 깊이 누리고 싶습니다.
사랑합니다, 주님.

주님만을 경배합니다.

예수 그리스도의 이름으로 기도합니다.

여호와께서 우리를 위하여
큰 일을 행하셨으니 우리는 기쁘도다

시편 126:3

여호와의 사랑을 입은 자는
그 곁에 안전히 살리로다
여호와께서 그를 날이 마치도록 보호하시고
그를 자기 어깨 사이에 있게 하시리로다

신명기 33:12

PART 4

가장 아름다운 선물,
이웃

관계의 실패를 겪고 있는
당신에게 :

내 사랑아,

모든 사람은 관계에 어려움을 겪는단다.

특히 가족, 친구, 동역자 등
소중한 관계에서 문제와 실패를 겪을 때면
파도처럼 요동치는 마음에
잠 못 이루는 밤을 보내지.

'처음에는 좋은 관계였는데
왜 이렇게 되었을까?
무엇이 문제였을까?'

생각은 꼬리를 물고 이어져서
누군가를 원망하기도 하고
스스로를 자책하기도 하지.

내 사랑아,

너만 그런 상황에 놓인 것처럼
느껴지겠지만 결코 그렇지 않단다.

지금도 사랑하는 내 자녀들이
관계로 인해
마음 아파하며 슬퍼하고 있어.
관계의 아픔과 실패를 경험하며 살고 있지.

내 사랑아,

사람은 완전하지 않고 연약하기에
서로 상처를 준단다.

때로는 각자의 기대와는 다른
사랑의 크기에 실망하며 문제를 겪기도 하지.

이전의 실패 때문에
같은 실수를 반복하지 않으려
다른 관계에 더 집착하고 있진 않니?
혹은 아예 무관심해져 있진 않니?

인간관계의 문제와 실패의 원인을
네게서만 찾으려 하지 말고

내 관계를 통해 들여다보렴.

나는 네가 관계의 실패를 통해
내 사랑을 더 분명히 바라보면 좋겠구나.

네가 사람의 성품과 인격에 기대기보다
나를 의지하여 예수 그리스도의 성품을 닮는
삶이 되기를 바란단다.

네게 허락한 그 관계들은
온유, 겸손, 오래 참음, 화평, 절제
이 성령의 열매들을 네 안에 맺어가기 위해서야.

그러니 기억하렴.

사람은 의지하거나 신뢰해야 할 대상이 아니라
사랑해야 할 존재임을.

네가 온전히 신뢰해야 할 대상은
나 하나뿐임을.

속앓이했던 그 시간,
눈물로 보낸 지난밤이
너를 나와 깊은 교제의 자리로 이끄는
밑거름이 되기를 바라.

나는 네게
관계를 계속 허락할 거야.

그 관계의 과정이
너를 완전한 사랑의 자리로
한 걸음, 한 걸음
이끄는 시간이 될 거야.

내 아름다운 사랑아,
실패를 두려워하지 마라.

나는 언제나
네 삶에서, 네 곁에서,
네 마음속에서 너와 동행할 거야!

내 사랑아,

기억하렴.
사람은 의지하거나 신뢰해야 할 대상이 아니라
사랑해야 할 존재임을.

네가 온전히 신뢰해야 할 대상은
나 하나뿐임을.

사랑하는 주님,

관계의 실패를 겪을 때마다
늘 상대에게서 문제를 찾았습니다.

하지만
이런 제 모습이 얼마나 잘못이었는지
오늘에야 깨닫습니다.

사랑을 바탕으로
상대를 대했다고 생각했지만
제 무의식 속에서는
상대가 제게 무조건 맞춰주기를 바랐어요.

제 의견을 수긍하지 않거나
부탁을 거절하는 사람에게는
더 깊이 마음을 열지 못했습니다.

관계가 깨어짐을 경험하고
실패할 때마다 참 우울했습니다.

새로운 관계에서는
실패하지 않으려 부단히 노력했지만
결과는 같았습니다.

사람은 의지할 대상이 아닌
사랑해야 할 존재임을 잊고
자꾸 기대려 했습니다.

주님,

제 모습을 돌아보니
부끄러움투성이입니다.

지금까지는
관계의 실패로 겪는 마음 어려운 상황이

또 반복되지 않기만을 바라며 기도했지만

이제는 이 상황을 통해
주님이 들려주시고자 하는 음성에
귀 기울이겠습니다.

관계의 실패를 딛고 일어나
예수 그리스도의 성품을 닮아 살아가겠습니다.

제 마음과 삶 속에
성령의 열매가 맺히도록
주님의 능력을 의지하겠습니다.

주님이 보시기에
아름답고 선한 관계를 이루어갈 수 있도록
도와주세요.

주님, 저를 이끌어주세요.

예수님의 이름으로 기도합니다.

또 형제들아 너희를 권면하노니
게으른 자들을 권계하며
마음이 약한 자들을 격려하고
힘이 없는 자들을 붙들어주며
모든 사람에게 오래 참으라

데살로니가전서 5:14

너희는 이전 일을 기억하지 말며
옛날 일을 생각하지 말라

이사야 43:18

누군가를 용서하기 힘든
당신에게 :

내 사랑아,

사람은 연약해서
스스로 마음을 다스리기 어렵단다.

특히
네게 상처를 주고 마음을 어렵게 하며
너를 배신한 누군가를 용서하는 일은
결코 쉽지 않지.

네 안에 내 강력한 역사가 없다면
너는 용서와 분노 사이에서
계속 고민하게 될 거야.

내 사랑아,

네게 해를 끼친 이웃을 대할 때

네가 처한 상황만을 바라보면
결코 그를 용서할 수 없단다.

그럴 때는 고개를 들어
하늘을 바라보렴.
네 원수와 복수를
네 일로 여기지 말고 내 일로 여기렴.

단순히 그의 죄를 눈감아주거나
네게 상처 준 그를 받아주라는 말이 아니야.

하늘을 통해
내가 네게 이미 행한
용서와 은혜를 생각해보렴.

내 사랑아,

나는 너를 용서했고, 사랑한단다.

너를 사랑하기에
내 아들을 아끼지 않았지.
십자가를 통해 너를 용서하고
내 자녀로 삼았단다.

네가 이미 받은 이 용서가
다른 사람에게로 흘러가야 해.

나는 네 마음에 미움과 분노가
가득한 걸 원하지 않아.
너와 나의 관계에도
악영향을 끼치기 때문이지.

나는
네 안의 기쁨과 행복을
지켜주고 싶다.

용서는 네 힘으로는 할 수 없어.
내가 공급해주는 사랑으로
네 마음 밭을 잘 돌봐야 한단다.

내 사랑아,

상처와 아픔과 깨어짐으로
눈물이 한가득 떨어져 있는 네 마음 밭에
오늘, 사랑의 씨앗을 심어보자.

분노를 제거하고
사랑을 심어보자.

미움을 제거하고
용서를 심어보자.

여전히 그 사람이
눈엣가시처럼 느껴지고
용서하기가 정말 힘들 수 있어.

그렇지만
오늘, 내 말에 순종해주겠니?

눈물을 머금고
사랑의 씨앗을 심는 네 손길 위에
내가 함께하겠다.

내 사랑아,

용서는 네 힘으로는 할 수 없어.
내가 공급해주는 사랑으로
네 마음 밭을 잘 돌봐야 한단다.

사랑하는 주님,

제게 상처를 주는 그 사람을
말씀대로 용서하고 품기가
정말 어렵습니다.

제 아픔만 살피느라
사실 왜 용서해야 하는지도 몰랐습니다.

제 마음이 다 깨져버려서
주님이 주신 평안과 기쁨과 행복도
어디론가 사라져버렸지만,

용서와 분노 사이에서
고민하는 저를 찾아와주셔서 감사합니다.

제 마음에 공감해주시고
위로해주셔서 감사합니다.

사랑하는 주님,

제게는 그를 용서할 힘이 없습니다.
그러나 주님이 저를 용서해주신
그 사랑에 힘입어 한 발자국 용기를 냅니다.

제 안에 누군가를 향한
미움과 분노가 가득 차 있는 게 아니라
주님으로 인한 기쁨과 행복이 가득하도록
제 마음을 지켜주세요.

주님의 음성에 순종하여,
사랑의 씨앗을 제 마음 밭에 심겠습니다.

이 시간 주님의 사랑을 의지합니다.
제 안에 기쁨과 찬송을 회복시켜주세요.

예수님의 이름으로 기도드립니다.

다만 이뿐 아니라

우리가 환난 중에도 즐거워하나니

이는 환난은 인내를, 인내는 연단을,

연단은 소망을 이루는 줄 앎이로다

로마서 5:3,4

모든 지킬만한 것 중에
더욱 네 마음을 지키라
생명의 근원이 이에서 남이니라

잠언 4:23

**자신이 가진 것을 나눌 줄 모르는
당신에게:**

내 사랑아,

나는 네가 가진 것을 이웃과 나누며
살아가길 원한단다.

고여있는 물은 썩기 마련이다.
물뿐만이 아니지.

머물러 있으면,
움켜쥐고 있으면
반드시 썩는다.

네가 가진
사랑, 달란트, 물질 등
작은 것일지라도
사랑으로 아낌없이 흘려보내렴.

내가 네게 준 선물을
감춰두지 말고
거저 받은 선물이니 거저 흘려보내렴.

내 사랑을 진실되게 경험한 사람은
나누고 흘려보내는 삶을 살게 돼.

나눔에서 오는
풍성한 기쁨과 행복을 맛본 사람은
그 자리에 기꺼이 참여할 수밖에 없어.

내 사랑아,

네 보물을 이 땅이 아닌
하늘에 쌓아두렴!

나를 사랑한다 말하면서
이웃에게 인색한 사람은
나를 사랑하지 않는 것과 같단다.

네 몸과 같이
네 이웃을 사랑하렴.

말로만 그치지 말고
이 말을 되새기며

너를 위해 사용했던
시간과 물질과 노력을
네 몸과 같이 소중한 이웃을 위해 나누어라.

나눔은
여유가 있어야만 할 수 있는 게 아니야.
화려하고 거창할 필요도 없단다.

지극히 작은 자 하나에게 한 일이
내게 한 일과도 같으니 말이야.

네 따스한 격려와 위로가
외로운 길을 걸어가는 누군가에게는
큰 힘과 용기가 된단다.

그리고
작은 자 하나에게
베풀고 흘려보낸 네 선한 일을
내가 다 기억할 거란다.

네 사랑의 나눔을 통해
내가 이 땅 가운데
작은 천국을 이루어갈 것이다!

나눔은
여유가 있어야만 할 수 있는 게 아니야.
화려하고 거창할 필요도 없단다.

지극히 작은 자 하나에게 한 일이
내게 한 일과도 같으니 말이야.

사랑하는 주님,

주님의 말씀을 듣게 하시니 감사합니다.

지금 이 세대는
갈수록 사는 게 힘들고
개인화가 되어서
다른 사람에게 무관심한 것 같아요.

베풀고, 나누고, 돌보는 게
바보처럼 보입니다.

그러나 오늘 주님의 말씀에
귀 기울이겠습니다.

주님의 성품을 닮아
이웃을 내 몸과 같이 사랑하겠습니다.

가진 게 많지 않지만
나누고, 베풀고, 흘려보내며
주님이 기뻐하시는 삶을 살길 원합니다.

제 작은 나눔이
위로가 필요한 사람에게
힘과 용기가 되게 해주세요.

내가 잘 되기 위해 남을 밟고 올라서며
혼자만 잘 살겠다는 생각을 버리게 하시고,
남을 격려하고 사랑하며 살게 해주세요.

주님께서 주신 놀라운 사랑을
나누고 흘려보내는 하루가 되길
소망합니다.

예수님의 이름으로 기도합니다.

그러므로 사랑을 받는 자녀같이
너희는 하나님을 본받는 자가 되고

에베소서 5:1

누구든지 자기의 유익을 구하지 말고
남의 유익을 구하라

고린도전서 10:24

**동역자와 함께 성장하고 싶은
당신에게 :**

내 사랑아,

누군가 진심으로 네 말을 들어주고
네게 깊은 관심을 기울이는 건,
정말 고마운 일이야.

경청해주는 그를 통해
네가 소중한 사람임을 깨닫기도 하고
마음속의 외로움이 사라지기도 하지.

네가 내 사랑 안에서
믿음의 동역자와 깊은 관계를 맺는 건,
믿음의 여정 가운데 참 중요한 일이란다.

내가 너와 늘 함께하지만
홀로 걸어가는 믿음의 길은 외롭단다.

내 사랑아,

내가 네게 보내주고
허락해준 동역자들과 함께라면
그 길은 외롭지 않을 거야.

특히 네가 위기에 처하고
힘든 일에 휩싸였을 때,
믿음의 친구들과 나누는 교제와 위로,
그리고 격려는 큰 힘이 된단다.

유혹에 빠지지 않도록
서로 방어막 역할도 할 수 있지.

네게 아직 그리스도인 공동체가 없다면
이 기쁨을 누리지 못하고 있는 거란다.

나는 내 자녀들이
같은 마음으로 하나가 되어
이 땅에 내 나라를 이뤄가길 원한다.

'내 나라'라고 하면
거창해 보일지 몰라도
바로 이런 것이야.

서로 사랑하고,
서로 격려하고,
서로 이해하는 것.

진심으로
함께 울고, 함께 웃는 것.

하루하루
하늘 아빠를 깊이 알아가고
함께 성장하는 것.

그리고
너희가 먼저 받은 내 사랑을
누군가에게 흘려보내는 것이란다.

내 사랑아,

내게 사랑을 고백하는
네 믿음의 지체들과 연합하여 서로 격려하렴.

네가 가족이나 친구, 이웃
그리고 동역자에게
힘을 주고 위로와 격려를 할 수 있는 사람으로
성장하길 원한단다.

'함께'의 기쁨을 맛보렴.

나는 둘 이상의 내 자녀가 모여
믿음의 이야기를 나누며 기도할 때
듣고 응답할 거란다.

그러니 혼자 모든 짐을 지려고 하지 마라.

연합하여 서로 기도하고
믿음의 길을 함께 걸어가렴.

내 사랑아,

너와 믿음의 동역자들을 축복한다.

내 사랑아,

내게 사랑을 고백하는
네 믿음의 지체들과 연합하여 서로 격려하렴.

사랑하는 주님,

제게 믿음의 길을 함께 걸어갈
동역자를 허락해주셔서 감사합니다.

때로는 부딪히는 관계로 인해
주님께서 보내주신 동역자를
'선물'로 여기지 못할 때도 있지만,

결국 저를 위한
하나님의 소중한 선물임을 믿습니다.

서로 사랑하고
서로 격려하고
서로 이해하며

믿음의 길을 걸어갈 수 있도록
인도해주세요.

동역자의 기쁨과 슬픔에
전심으로 함께 공감하며
그리스도 안에서 신앙의 모습을
서로 점검해줄 수 있는
아름다운 모습으로 성장하게 해주세요.

두세 사람이 모인 곳에
함께하신다고 하셨던 주님,
저희가 주님을 향해 드리는
예배, 찬송, 기도를 기쁘게 받아주세요.

앞으로도 연합하고 함께 기도하며
주님 안에서 깊은 교제를 이뤄나가도록
저희를 사랑의 끈으로 붙들어주세요.

저희의 교제 가운데 거하실 주님을 찬양하며
예수님의 이름으로 기도드립니다.

진실로 다시 너희에게 이르노니

너희 중의 두 사람이

땅에서 합심하여 무엇이든지 구하면

하늘에 계신 내 아버지께서

그들을 위하여 이루게 하시리라

마태복음 18:19

두세 사람이
내 이름으로 모인 곳에는
나도 그들 중에 있느니라

마태복음 18:20

QUIET TIME

입술을 지키지 못하는
당신에게 :

내 사랑아,

말은
선하게 쓰면 약초와 같지만
때로는 지독한 독초가 되기도 한단다.

말은 마음으로부터 나오기에
입술을 지키라는 말은
마음을 지키라는 말과 다르지 않지.

너는
무엇으로 마음을 가득 채우고 있니?

네 입술을 통해 나오는 이야기들은
네 마음을 대변하는 거란다.

마음속에 내 사랑이 아닌 것들이

가득 차 있다면
입술의 자제력을 쉽게 잃지.

나는 사랑하는
내 아들과 딸들에게
입술의 권세를 주었단다.

복음을 선포하고
사랑과 진리를 전하며
상한 영혼을 일으켜 세우는
축복의 통로가 되기를 바라기 때문이지.

하지만 내 뜻과는 달리
내가 준 입술의 권세를
다른 이의 영혼을 넘어뜨리는
일에 사용하는 이들이 있다.

의도적이든 의도적이지 않든
나는 네 입술이
다른 이의 마음을 낙심케 하고
그 영혼을 넘어뜨리는 통로가 되지 않기를 바라.

사랑의 권면은
사람을 살리는 생명이 되지만,
사랑이 없는 말들은

영혼을 병들고 상하게 한다.

그러니 한마디를 하더라도
지혜롭게 사용할 수 있어야 해.

입술을 지키기가 어렵고,
삶 가운데 말의 실수가 늘어간다면
예수 그리스도의 성품을 깊이 묵상하렴.

한 영혼, 한 영혼을
불쌍히 여기고 귀히 여기며
우는 자들 곁에서 함께 슬퍼하고
즐거워하는 자들 곁에서
함께 즐거워했던 예수 그리스도

모든 이들을 차별 없이
깊이 공감하고
깊이 사랑했던
예수 그리스도를 말이야.

내 사랑하는 자야,

나는 네 입술을 통해
낙심한 영혼들이 다시 살아나고
내게서 떠난 영혼들이 다시 돌아오길 바라.

네 연약함이
네 입술을 주장하지 못하도록
오늘 내게 네 삶의 주권을 맡기렴.

네 입술을 통해 내가 선포하고
그 말들을 내가 이루어내겠다.

내 사랑아,

사랑의 권면은
사람을 살리는 생명이 되지만,
사랑이 없는 말들은
영혼을 병들고 상하게 한다.

사랑하는 주님,

말의 중요성을 충분히 인지하면서도
말의 사용을 가벼이 여겼습니다.

관계 속의
크고 작은 언쟁을 떠올려보며
제 연약함을 발견합니다.

주님을 기뻐 찬양하고,
주님을 사랑한다 고백했던 입술로
누군가를 원망하고 불평했습니다.

선한 것을 제 안에 담고 싶습니다.
기쁨으로 그것들을 나누고 싶습니다.

다른 이의 영혼을 상하게 하기 위해
제 속에 숨어 때를 엿보는

악하고 이기적이고 추악한 모습을
주님의 무한한 사랑으로 덮어주세요.

주님,

말을 해야 할 때 입술을 닫지 않고,
죄의 자리에 입술로 동참하지 않도록
온전한 분별력과 지혜를 허락해주세요.

제 한마디 한마디가
주님만을 드러내고
주님의 사랑만을 흘려보내는 통로가 되도록
입술을 주장해주세요.

오늘 살아가는 모든 순간에
더욱 의식적으로
하나하나 살피며 선포하겠습니다.

주님,

제 입술에 주의 말씀을 담아주세요.
주의 마음을 담아주세요.

예수님의 이름으로 기도합니다.

무릇 더러운 말은 너희 입 밖에도 내지 말고
오직 덕을 세우는 데 소용되는 대로 선한 말을 하여
듣는 자들에게 은혜를 끼치게 하라

에베소서 4:29

오직 너희는
그리스도의 복음에
합당하게 생활하라

빌립보서 1:27

믿음의 공동체를
건강히 세워가고 싶은
당신에게 :

내 사랑아,

네가 믿음의 공동체를 아름답게
세워가고 싶은 마음을 가지고
내게 나와주어 고맙구나.

동일한 마음으로
나 또한 내 자녀들을 통해
교회와 믿음의 공동체를 건강히 세워가길 원한단다.

네 주변을 보더라도
교회로부터 상처받고
떠난 이들이 많음을 알고 있다.

'어떻게 교회가 이럴 수 있나….'
'그리스도인이 어떻게 이럴 수 있을까….'

이들 중 대부분은
교회와 내게 실망하기보다는
교회 안의 누군가로부터 실망하고
상처를 받아서 떠난 경우가 많다.

사랑 없는,
아름답지 않은 모습 때문에 그렇지.

내 사랑아,

교회는 어떤 곳일까?

교회는 나를 구주로 고백하는,
의인인 동시에 죄인인
내 자녀들이 모이는 곳이란다.

네모난 사람, 세모난 사람, 둥근 사람
누구든지 올 수 있고,

다양한 성격과 가치관을 가진 내 자녀들이 모여
그리스도의 사랑을 서로 나누고 찬양하는 곳이지.

그 어느 곳보다
사랑이 흘러넘쳐야 하는 곳이야.

갈등과 문제가 가득하고,
세상의 가치관인
물질, 욕심, 권력이 가득한 곳이 아니라
오직 그리스도의 사랑만이 가득해야 하지.

먼저,
나는 어떤 경우에도
교회를 포기하지 않으며
내 자녀들을 포기하지 않을 것임을
말해주고 싶구나.

오늘,
내 말에 귀 기울여
사랑의 공동체, 믿음의 공동체로
건강히 세워가기 위해 노력해다오.

리더는 믿음의 공동체 구성원들을
사랑으로 격려해야 한단다.

구성원들의 헌신을
당연한 것으로 여기지 말고
양을 돌보는 목자의 심정으로
맡겨진 영혼들을 세심히 돌보고 사랑하렴.

교회에서 사람을 보며 봉사할 때는
상처받기 쉽단다.
사람을 보지 말고 나를 위해 봉사하렴.

내 사랑아,

서로의 아픔을 함께 나누며
함께 웃고 함께 울어줄 수 있는,
공감하고 아껴주는 공동체가 되길 기도하렴.

누구든지 자신의 아픔을 이야기할 수 있고,
판단하거나 정죄하지 않고,
그리스도의 사랑으로 품어주며
온 맘 다해 사랑하는 공동체가 되길 바란다.

혼자의 노력으로는 쉽지 않다는 걸 안다.

그럼에도
네가 먼저 믿음의 공동체를 위해 기도하고
사랑을 실천하기 위해 몸부림치렴.

내가 너를 기뻐한단다.

내 사랑아,

서로의 아픔을 함께 나누며
함께 웃고 함께 울어줄 수 있는,
공감하고 아껴주는 공동체가 되길 기도하렴.

사랑하는 아버지,

믿음의 공동체를 건강하게 세우는 일이
이 시대에 주님이 정말로 원하시고
기뻐하시는 일임을 깨닫게 하시니
감사합니다.

공동체를 위해 기도할 때마다
저 또한 죄인 중에 죄인임을 기억하며
하나님께서 부어주신
크신 사랑을 마음에 새기겠습니다.

제 작은 기도를 들으시고
저와 믿음의 공동체를
긍휼히 여겨주시고 은혜를 베풀어주세요.

믿음의 공동체 안에
주님의 사랑을 가득 부어주세요.

포기하지 않으신다는
주님의 말씀을 의지합니다.

'교회 안에서 어떻게 저렇게 행동할까?'
'직분을 가진 사람들의 성품이 어떻게 저럴까?'
'왜 나는 항상 교회에서 봉사하고 있을까?'

더 이상 남을 정죄하거나
자책하지 않도록
제 마음을 지켜주세요.

사람의 평가와 시선에
마음을 두는 게 아니라
주님을 사랑하는 마음을 가지고
주님만을 바라보며 봉사하겠습니다.

제가 좋아하는 사람들과의 교제만을 좇지 않고
공동체 구성원 모두를

사랑하기 위해 기도하겠습니다.
제 안에 사랑 없음을 용서해주세요.

하나님의 음성에 귀 기울이겠습니다.

그리스도의 사랑이
우리의 공동체 가운데 풍성할 수 있도록
저부터 주님의 사랑으로 덧입혀주세요.

상대방의 연약함과 아픔 또한
인정하고 안아주는
아름다운 공동체가 되도록
주님이 함께해주시고 인도해주세요.

저부터 기도하고,
저부터 섬기겠습니다.
주님, 이 마음을 지켜주세요.

예수 그리스도의 이름으로 기도드립니다.

내가 내게 있는 모든 것으로 구제하고
또 내 몸을 불사르게 내줄지라도
사랑이 없으면 내게 아무 유익이 없느니라

고린도전서 13:3

즐거워하는 자들과
함께 즐거워하고
우는 자들과 함께 울라

로마서 12:15

분노의 감정에서 벗어나고 싶은
당신에게 :

내 사랑아,

분을 내는 감정에
자신을 내어주는 일은
스스로 자신을 괴롭게 만드는 일이란다.

수많은 상황이
네 마음을 요동시키기 위해
세차게 문을 두드릴 테지만

아무 준비 없이
벌컥 문을 열어
그 문제들을 맞이하면 안 돼.

준비가 되어있지 않으면
쉽게 침략당하니까 말이야.

분노는
사람의 눈을 멀게 만든단다.
사랑으로부터 눈을 돌리게 만들지.

많은 사람이
분노의 감정에서 헤어나오지 못해
아주 작은 문제 앞에서도
속수무책으로 넘어진다.

내 사랑아,

분노의 감정이
네 마음을 세차게 두드릴 때면
분을 내기에 앞서 내게 나아오렴.

네가 서 있는 바로 그 자리에서
나를 부르렴.

네 마음을 가득 채우고 있는 분노를
나는 다스릴 수 있다.

나는
거친 풍랑을 잠잠케 하고
비바람을 멈출 수 있는 능력이 있단다.

그러니 감당하기 벅찬 감정을
스스로 다스리려 고군분투하지 말고
내게 맡기렴.

분노에 휩쓸리지 않기 위해서는
매 순간 내게 묻는 일상을 살아가야 해.

힘들 때나 어려울 때만 나를 찾는 게 아니라
기쁠 때나 평안할 때에도 나와 동행하는 거지.

불이 막 붙기 시작했을 때는
소화기로 쉽게 진화할 수 있지만
큰불을 잡기 위해서는 긴 시간이 필요하단다.

작은 분노의 불씨가
큰 불로 번지기 전에
내게 나아오렴.

감당하기 어려운 분노의 감정을
내게 맡기는 일은
알 수 없는 불안한 모험이 아니란다.

내게 맡기는 그 순간,
네 일상의 모든 순간은
완전하고도 즐거운 여정이 될 거야.

너를 맡기렴.

네 모든 감정을 나와 함께 나눌 때
분노의 상황에서도 너는 평안할 수 있고
억울하고 괴로울 때도
기뻐할 수 있단다.

내 사랑아,

분노의 감정으로부터
벗어나고 싶은 바람이
현실이 되도록
나를 믿고 소망의 첫걸음을 내디디렴!

내 사랑아,

분노에 휩쓸리지 않기 위해서는
매 순간 내게 묻는 일상을 살아가야 해.

힘들 때나 어려울 때만 나를 찾는 게 아니라
기쁠 때나 평안할 때에도 나와 동행하는 거지.

사랑하는 주님,

삶의 여러 가지 풍랑 속에서
분노를 조절하지 못하는 일이
제 마음을 가장 괴롭혔습니다.

눈앞에 놓인 문제보다
그 너머를 바라보며
긍정적으로 생각하고 싶은데

늘 조급하게 쫓기는 감정들 속에
온전히 마음을 다스리지 못하는
제 모습이 참 싫었습니다.

주님,

지금껏 자신을 책망하고 괴롭혔던
이 감정들을 주님 앞에 내려놓습니다.

저 혼자서 해결해보려 노력할수록
늪처럼 더 빠져들었던 감정들 속에서

이제는 눈을 들어 주님을 바라봅니다.
주님께서 주시는 확실한 평안을 의지하여
걸어가겠습니다.

마음에 분노가 차오를 때면
하나님이 주신 사랑을 되새기며
입술로 토해내기 전에
주님께로 달려가겠습니다.

주님이 부어주시는 마음을 품고
주님께 저를 올려드리겠습니다.

연약한 제가
또 같은 죄를 반복할까 두렵지만

두려움을 이기게 하시는,
나의 연약함을 강하게 하시는
주님을 의지합니다.

내 사랑하는 주님,

힘들 때나 어려울 때나
기쁠 때나 슬플 때나
주님만 의지하여 살도록
제 마음을 지켜주세요.

주님과 동행하는 모든 걸음이
그 어디나 하늘나라임을 누리며 살도록
주님 마음을 제게 허락해주세요!

예수님의 이름으로 기도합니다.

내 사랑하는 형제들아 너희가 알지니
사람마다 듣기는 속히 하고
말하기는 더디 하며 성내기도 더디 하라

야고보서 1:19

백성들아 시시로
그를 의지하고
그의 앞에 마음을 토하라
하나님은 우리의 피난처시로다

시편 62:8

가족과 소통이 어려운
당신에게 :

내 사랑아,

무엇이 가족과 소통하는 데
장애물이 되고 있니?

대화를 하며
서로 주고받았던
상처와 아픔들 때문이니?

나는 그런 네 마음을
위로하고 싶구나.

소통의 어려움은
대화의 부재에서 시작된단다.

사랑하면 상대방에게 관심을 갖고
경청하게 되지만,

일방적인 관심과 경청은
서로를 지치게 하지.

사랑을 주고 받는 일이,
'당연함'으로 여겨지지 않도록 주의하렴.

너를 향한
가족의 헌신과 배려에 감사할 수 있어야 해.

서로 당연히 여기지 말고
존귀히 여기며 사랑하기에 더욱 힘쓰렴.

네가 믿음의 가정을 이루어가길
소망한다는 것을 잘 안단다.
믿음의 가정을 이룬다는 건
작은 천국을 누리는 것과 같지.

가정 안에서 누리는 기쁨은
세상에서 누릴 수 있는 즐거움과는
전혀 다른 차원의 행복이란다.

그러니
배우자와 살아가며
자녀들을 양육해갈 때
그 가정 안에 중심은 늘 나여야 해.

또한 부모를, 배우자를, 자녀를
네게 속한 하나의 소유물로 생각지 말고
인격체로서 존중하며 아껴주렴.

내가 네 모습 그대로를 인정하고
사랑하고 아껴주는 것처럼 말이야.

내게 받은 사랑을
가정 안에서 그대로 나누며 살아갈 때
서로를 더 깊이 알아가고
사랑할 수 있게 될 거란다.

자신의 의지와 지식을 의지하여
가정을 이끌어가기보다
내 사랑을 의지하여 가정을 이루어가렴.

사랑을 주는 일이 서툴다면
내가 네게 부어주는 사랑에
깊이 잠겨보는 시간을 가지렴.

사랑을 받는 일이 서툴다면
네가 사랑받기에 얼마나 부족함이 없는지
내게 와 물으렴.

네 존귀함과 특별함에 대해

하나하나 들려줄게.

내 사랑아,

가족과의 소통의 문제를 가볍게 여기지 말고
내 안에서 함께 회복해가자.

늦었다고, 틀렸다고 생각하기 전에
나와 함께 이야기 나누자.

그 어느 때보다
내 사랑이 필요한 네 가정 위에
내 다함없는 사랑을 부어주겠다.

내 사랑아,

부모를, 배우자를, 자녀를
네게 속한 하나의 소유물로 생각지 말고
인격체로서 존중하며 아껴주렴.

가장 아름다운 선물, 이웃

사랑하는 아버지,

가족과의 소통이 어려워
하루하루 다가오는 일상이
참 고통스러웠습니다.

내가 어떻게 행동하든
그동안과 똑같이 반응하는 그들의 행동에
회복하고자 하는 마음을 잃었습니다.

가족의 무관심 때문에
제가 사랑받을 자격이 없는 것처럼
느껴졌습니다.

가족에게 부정당하고 무시당하는 삶이
제 존재를 의심하게 만들었지요.

'다른 가정은 다 잘 사는 것 같은데

왜 내게만 이런 어려움이 있을까'
고민했습니다.

주님께서 허락하신
'가족'이라는 공동체를
주님 없이 사랑하려 했던
제 모습을 돌아봅니다.

주님이 없는 가정은
작은 바람에도 이리저리 흔들리는 갈대와 같고
큰 문제 앞에서는 속수무책으로 무너져 내리는
얕은 뿌리를 가진 나무와 같았습니다.

주님,

주님을 입술로만 고백하는 가정이 아닌
주님의 형상을 따라
살아내는 가정이 되게 해주세요.

주님이 맡겨주신
부모, 부부, 자녀의 몫을
온전히 기쁘게 감당하며
서로 사랑하며 살게 해주세요.

소통을 하는 일이,
각자 가지고 있던 지금까지의
편견을 내려놓는 일이
결코 쉽지 않겠지만
주님을 의지하며 나아가겠습니다.

제 힘으로 할 수 없어 주님을 의지합니다.
제 의지로는 할 수 없어
주님께 온전히 기대어 나아갑니다.

사랑하는 주님,

우리의 가정 가운데 오셔서 좌정해주시고

주님의 인도하심에
기쁨으로 순종하며 나아가도록
붙들어주세요.

이 가정 안에서
주님의 사랑을 완성해갈 수 있도록
함께해주세요.

예수 그리스도의 이름으로 기도합니다.

여호와께서 자기 백성에게 힘을 주심이여
여호와께서 자기 백성에게 평강의 복을 주시리로다

시편 29:11

악하고 이기적이고 추악한 모습을
주님의 무한한 사랑으로 덮어주세요.

주님,

말을 해야 할 때 입술을 닫지 않고,
죄의 자리에 입술로 동참하지 않도록
온전한 분별력과 지혜를 허락해주세요.

제 한마디 한마디가
주님만을 드러내고
주님의 사랑만을 흘려보내는 통로가 되도록
입술을 주장해주세요.

오늘 살아가는 모든 순간에
더욱 의식적으로
하나하나 살피며 선포하겠습니다.

주님,

제 입술에 주의 말씀을 담아주세요.
주의 마음을 담아주세요.

예수님의 이름으로 기도합니다.

무릇 더러운 말은 너희 입 밖에도 내지 말고
오직 덕을 세우는 데 소용되는 대로 선한 말을 하여
듣는 자들에게 은혜를 끼치게 하라

에베소서 4:29

오직 너희는
그리스도의 복음에
합당하게 생활하라

빌립보서 1:27

믿음의 공동체를
건강히 세워가고 싶은
당신에게 :

내 사랑아,

네가 믿음의 공동체를 아름답게
세워가고 싶은 마음을 가지고
내게 나와주어 고맙구나.

동일한 마음으로
나 또한 내 자녀들을 통해
교회와 믿음의 공동체를 건강히 세워가길 원한단다.

네 주변을 보더라도
교회로부터 상처받고
떠난 이들이 많음을 알고 있다.

'어떻게 교회가 이럴 수 있나….'
'그리스도인이 어떻게 이럴 수 있을까….'

이들 중 대부분은
교회와 내게 실망하기보다는
교회 안의 누군가로부터 실망하고
상처를 받아서 떠난 경우가 많다.

사랑 없는,
아름답지 않은 모습 때문에 그렇지.

내 사랑아,

교회는 어떤 곳일까?

교회는 나를 구주로 고백하는,
의인인 동시에 죄인인
내 자녀들이 모이는 곳이란다.

네모난 사람, 세모난 사람, 둥근 사람
누구든지 올 수 있고,

다양한 성격과 가치관을 가진 내 자녀들이 모여
그리스도의 사랑을 서로 나누고 찬양하는 곳이지.

그 어느 곳보다
사랑이 흘러넘쳐야 하는 곳이야.

갈등과 문제가 가득하고,
세상의 가치관인
물질, 욕심, 권력이 가득한 곳이 아니라
오직 그리스도의 사랑만이 가득해야 하지.

먼저,
나는 어떤 경우에도
교회를 포기하지 않으며
내 자녀들을 포기하지 않을 것임을
말해주고 싶구나.

오늘,
내 말에 귀 기울여
사랑의 공동체, 믿음의 공동체로
건강히 세워가기 위해 노력해다오.

리더는 믿음의 공동체 구성원들을
사랑으로 격려해야 한단다.

구성원들의 헌신을
당연한 것으로 여기지 말고
양을 돌보는 목자의 심정으로
맡겨진 영혼들을 세심히 돌보고 사랑하렴.

교회에서 사람을 보며 봉사할 때는
상처받기 쉽단다.
사람을 보지 말고 나를 위해 봉사하렴.

내 사랑아,

서로의 아픔을 함께 나누며
함께 웃고 함께 울어줄 수 있는,
공감하고 아껴주는 공동체가 되길 기도하렴.

누구든지 자신의 아픔을 이야기할 수 있고,
판단하거나 정죄하지 않고,
그리스도의 사랑으로 품어주며
온 맘 다해 사랑하는 공동체가 되길 바란다.

혼자의 노력으로는 쉽지 않다는 걸 안다.

그럼에도
네가 먼저 믿음의 공동체를 위해 기도하고
사랑을 실천하기 위해 몸부림치렴.

내가 너를 기뻐한단다.

내 사랑아,

서로의 아픔을 함께 나누며
함께 웃고 함께 울어줄 수 있는,
공감하고 아껴주는 공동체가 되길 기도하렴.

사랑하는 아버지,

믿음의 공동체를 건강하게 세우는 일이
이 시대에 주님이 정말로 원하시고
기뻐하시는 일임을 깨닫게 하시니
감사합니다.

공동체를 위해 기도할 때마다
저 또한 죄인 중에 죄인임을 기억하며
하나님께서 부어주신
크신 사랑을 마음에 새기겠습니다.

제 작은 기도를 들으시고
저와 믿음의 공동체를
긍휼히 여겨주시고 은혜를 베풀어주세요.

믿음의 공동체 안에
주님의 사랑을 가득 부어주세요.

포기하지 않으신다는
주님의 말씀을 의지합니다.

'교회 안에서 어떻게 저렇게 행동할까?'
'직분을 가진 사람들의 성품이 어떻게 저럴까?'
'왜 나는 항상 교회에서 봉사하고 있을까?'

더 이상 남을 정죄하거나
자책하지 않도록
제 마음을 지켜주세요.

사람의 평가와 시선에
마음을 두는 게 아니라
주님을 사랑하는 마음을 가지고
주님만을 바라보며 봉사하겠습니다.

제가 좋아하는 사람들과의 교제만을 좇지 않고
공동체 구성원 모두를

사랑하기 위해 기도하겠습니다.
제 안에 사랑 없음을 용서해주세요.

하나님의 음성에 귀 기울이겠습니다.

그리스도의 사랑이
우리의 공동체 가운데 풍성할 수 있도록
저부터 주님의 사랑으로 덧입혀주세요.

상대방의 연약함과 아픔 또한
인정하고 안아주는
아름다운 공동체가 되도록
주님이 함께해주시고 인도해주세요.

저부터 기도하고,
저부터 섬기겠습니다.
주님, 이 마음을 지켜주세요.

예수 그리스도의 이름으로 기도드립니다.

내가 내게 있는 모든 것으로 구제하고
또 내 몸을 불사르게 내줄지라도
사랑이 없으면 내게 아무 유익이 없느니라

고린도전서 13:3

즐거워하는 자들과
함께 즐거워하고
우는 자들과 함께 울라

로마서 12:15

내 사랑아,

분을 내는 감정에
자신을 내어주는 일은
스스로 자신을 괴롭게 만드는 일이란다.

수많은 상황이
네 마음을 요동시키기 위해
세차게 문을 두드릴 테지만

아무 준비 없이
벌컥 문을 열어
그 문제들을 맞이하면 안 돼.

준비가 되어있지 않으면
쉽게 침략당하니까 말이야.

분노는
사람의 눈을 멀게 만든단다.
사랑으로부터 눈을 돌리게 만들지.

많은 사람이
분노의 감정에서 헤어나오지 못해
아주 작은 문제 앞에서도
속수무책으로 넘어진다.

내 사랑아,

분노의 감정이
네 마음을 세차게 두드릴 때면
분을 내기에 앞서 내게 나아오렴.

네가 서 있는 바로 그 자리에서
나를 부르렴.

네 마음을 가득 채우고 있는 분노를
나는 다스릴 수 있다.

나는
거친 풍랑을 잠잠케 하고
비바람을 멈출 수 있는 능력이 있단다.

그러니 감당하기 벅찬 감정을
스스로 다스리려 고군분투하지 말고
내게 맡기렴.

분노에 휩쓸리지 않기 위해서는
매 순간 내게 묻는 일상을 살아가야 해.

힘들 때나 어려울 때만 나를 찾는 게 아니라
기쁠 때나 평안할 때에도 나와 동행하는 거지.

불이 막 붙기 시작했을 때는
소화기로 쉽게 진화할 수 있지만
큰불을 잡기 위해서는 긴 시간이 필요하단다.

작은 분노의 불씨가
큰 불로 번지기 전에
내게 나아오렴.

감당하기 어려운 분노의 감정을
내게 맡기는 일은
알 수 없는 불안한 모험이 아니란다.

내게 맡기는 그 순간,
네 일상의 모든 순간은
완전하고도 즐거운 여정이 될 거야.